CONFESIÓN DE FE DE WESTMINSTER

CATECISMO MENOR

y algunos credos

CONFESIÓN DE FE DE WESTMINSTER

CATECISMO MENOR

y algunos credos

Traducción revisada por

Israel Guerrero

EL ESTANDARTE DE LA VERDAD

EL ESTANDARTE DE LA VERDAD

Oficina principal
3 Murrayfield Road
Edinburgh, EH12 6EL
UK

Oficina en Norteamérica
610 Alexander Spring Road
Carlisle, PA 17015
USA

banneroftruth.org

Primera edición en español 2023
Traducción: Israel José Guerrero Leiva

ISBN:
Print: 978 1 80040 339 0
Epub: 978 1 80040 340 6
Kindle: 978 1 80040 341 3

Tipografiado en Adobe Garamond Pro 10.5/13.5 pt en
The Banner of Truth Trust, Edinburgh
Impreso en EE.UU. por
Versa Press Inc.,
East Peoria, IL

ÍNDICE

PRÓLOGO PARA LA NUEVA EDICIÓN

Todos los llamados de mi nombre; para gloria mía los he creado, los formé y los hice. – Isaías 43:7

El fin principal del hombre es glorificar a Dios y gozar de él para siempre. – Catecismo Menor de Westminster

El profeta Isaías nos presenta la realidad última por la cual fuimos creados: la gloria de Dios. Nada importa más en todo este universo sino la belleza y santidad de Aquel que creó todas las cosas con un solo propósito, la gloria de su nombre. El Dios eterno nos hizo a su imagen y semejanza para glorificarlo en la medida que disfrutamos de la comunión íntima que él nos brinda. Trágicamente, y debido al pecado de Adán y Eva, todo nuestro ser fue corrompido al punto de perder aquella relación entrañable con aquel que es el sumo bien del hombre: Dios. El resultado de esto es que, sin Cristo, vivimos en constante rebelión contra nuestro creador, buscando nuestra propia gloria en todo lo que hacemos. Pero Dios, que es infinitamente rico en misericordia, nos redimió, llamó y dio una nueva vida para así, creer, confesar y vivir de acuerdo con las palabras de Pablo a los romanos, «Porque de él, y por él, y para él, son todas las cosas. A él sea la gloria por los siglos. Amén».

Durante este tiempo, Dios ha estado despertando a distintas iglesias y denominaciones cristianas. Este despertar tiene que ver con considerar seriamente —¡y gozosamente!— el propósito final por el cual el Señor nos ha llamado a servir en nuestros distintos contextos. Varios cristianos se han dado cuenta de que un «evangelio» que gira en torno a la prosperidad material o en el cumplimiento de los sueños es, a fin de cuentas, un falso evangelio. Tristemente, un mensaje que utiliza a Dios como un medio para alcanzar metas centradas en nosotros mismos no glorifica a Dios, ni tampoco satisface la necesidad más profunda de cada hombre y mujer.

La necesidad más profunda que cada uno de nosotros tiene es de Dios mismo. Cada uno de nosotros tiene sed del Dios vivo. Cada uno de nosotros tiene un hambre por la vida misma que es Dios. De esta manera, podemos vivir verdaderamente en la medida que conocemos a Dios. Porque de acuerdo con las palabras de Jesús, la vida está relacionada con conocer íntimamente a Dios, «esta es la vida eterna: que te conozcan a ti, el único Dios verdadero, y a Jesucristo, a quien has enviado». Este es el mensaje que Dios está poniendo en el corazón de pastores, maestros y siervos de distintas denominaciones para así predicar sermones centrados en el evangelio de la gracia. De esta manera, las iglesias están siendo alimentadas y fortalecidas al entender que toda la Biblia trata de la gloria del Dios trino en sus obras de creación y redención. Por lo tanto, todo lo que somos y hacemos apunta a ese único y glorioso fin. En otras palabras, el deleite supremo en Dios es un fruto de que realmente estamos viviendo para el fin por el cual fuimos creados y redimidos.

El corazón de la Iglesia está latiendo porque es la fidelidad de Dios la que le otorga la vida. Esto implica que la Iglesia de Cristo —compuesta de gente de toda lengua y nación— siempre ha permanecido durante todos los siglos de la historia. Esto también se aplica a nuestros contextos. A pesar de nuestra infidelidad, Dios siempre ha guardado un remanente que se ha mantenido fiel a la Palabra de Dios. Este remanente ha atesorado las preciosas verdades del evangelio de la gracia de Dios y, de una u otra manera, ha confesado lo que la Iglesia cristiana universal también ha confesado. Así, el despertar hacia las doctrinas de la gracia no debe ser visto como algo exclusivamente de nuestros tiempos. Sino más bien, este despertar es una obra que el Espíritu Santo ha hecho (en distintos grados) a lo largo de los años para que la Iglesia, en sus diversos periodos y contextos, vuelva a confesar la importante verdad por la cual ha sido redimida. En resumen, la Iglesia cuyo corazón está lleno del mensaje del evangelio, cree y confiesa aquello que abunda en su corazón. De esta manera, una iglesia que confiesa es una iglesia que vive para la gloria de Dios.

La confesión de quién es Dios y qué es lo que él hace por su Iglesia ha sido un distintivo del pueblo de Dios a lo largo de la historia. En el Antiguo Testamento, el pueblo del pacto confesaba la verdad de que el Señor nuestro Dios es uno (Deuteronomio 6:4). Luego, en el Nuevo Testamento, Pablo desarrolla esta verdad al proclamar que hay un solo Dios y Señor, y que, a la vez, este Señor es Jesucristo porque de acuerdo con el apóstol Juan, el Verbo estaba con Dios y el Verbo es Dios. Esta profunda realidad escritural debía ser creída con el corazón y proclamada con la boca de cada miembro de la Iglesia. Esto es posible porque Dios mismo, el Espíritu Santo, lleva a que los cristianos disfruten de la unión y comunión entre ellos a través de la confesión de un solo Dios vivo y verdadero: el Padre, el Hijo y el Espíritu Santo.

La profundidad de las riquezas de la palabra de Dios llevó a la Iglesia, guiada por el Espíritu Santo, a desarrollar y exponer las doctrinas cristianas contenidas en la Santa Escritura. En medio de la oposición doctrinal, Dios llevó a que su pueblo dejara por escrito las preciosas verdades relacionadas al Dios que adoramos. Las vitales doctrinas cristianas sobre la Trinidad y la persona y obra de Cristo quedaron registradas en significativos escritos que hoy conocemos como los credos universales. Son *credos* porque son documentos que creemos y confesamos personalmente (del latín *credo*, es decir, «yo creo»). Además, son *universales* porque la confesión que realizamos es comunitaria, uniéndonos a la Iglesia cristiana y apostólica que ha existido durante siglos y que, en distintas circunstancias, también ha confesado estas verdades. En otras palabras, al suscribir a estos credos universales, entendemos que no hay lugar para el individualismo dentro de la Iglesia de Cristo. Sino todo lo contrario, crecemos humildemente en un cuerpo que confiesa verdades que están enraizadas en la Palabra de Dios. De esta manera nos damos cuenta de que no hay humildad sin la verdad; así también, podemos decir que la verdad no ha entrado a lo más profundo de nuestra consciencia si no hay humildad en nuestro servicio al Señor, como también en nuestro servicio al prójimo.

A pesar del importante y continuo desarrollo doctrinal que ocurrió en la época de los padres de la Iglesia, como también a través de distintos teólogos medievales, la Iglesia experimentó un periodo de «deforma» espiritual. El ritualismo y el abuso en el sistema de gobierno llevaron a que la Iglesia caminara por un valle de sombra de muerte. Sin embargo, Dios es fiel. Y en medio de las tinieblas, la luz que da vida volvió a resplandecer a través de predicaciones y vidas centradas en el evangelio. Dios levantó a hombres y mujeres, de distintos lugares y contextos, para reformar la Iglesia. A pesar de la diversidad de este grupo, estas personas tenían algo en común. A pesar de ser hombres con distintos niveles de educación, ellos eran «hombres simples y llenos del Espíritu Santo», como dijo el reformador escocés John Knox (1514-72). Así, estas personas llenas del Espíritu de Dios, atesoraron la palabra de Dios como la suprema regla de fe y vida.

La reforma que Dios produjo en distintos lugares fue solidificada a través de escritos que surgieron durante o posterior a la muerte de la generación de Martin Lutero (1483-1546) y Juan Calvino (1509-64). Estos escritos que fueron conocidos como Confesiones de Fe, ayudaron a consolidar la ortodoxia protestante de distintos grupos cristianos durante la segunda mitad del siglo XVI y mediados del XVII. De manera importante, estos documentos evangélicos abrazaron las clásicas doctrinas cristianas y católicas (en referencia a la universalidad de la doctrina cristiana) expresadas en el Credo Apostólico, Credo Niceno (381), Credo de Calcedonia (451) y otros credos. Así, a partir de una teología ricamente bíblica y trinitaria, los teólogos protestantes dejaron por escrito las doctrinas que direccionaban la mente y el corazón hacia el fin principal de todas las cosas, la gloria de Dios. Como resultado, las iglesias evangélicas y reformadas desarrollaron su teología a partir de las doctrinas articuladas en los credos y confesiones; doctrinas que, dicho sea de paso, son verdaderas para cada generación porque son doctrinas bíblicas y cristianas en su esencia. Debido a lo anterior, hemos decido incluir algunos de estos credos en esta nueva edición.

En 1643, teólogos ingleses y escoceses se juntaron en la Abadía de Westminster, Londres, durante varios años para elaborar un documento confesional cuya esencia influirá hasta el día de hoy en las distintas denominaciones evangélicas y reformadas de todo el mundo. Esta confesión de fe tuvo como propósito unificar la teología cristiana y reformada de las iglesias en Inglaterra, Gales, Escocia e Irlanda, para así glorificar a Dios de acuerdo con lo ordenado en Palabra de Dios. A la vez, y siguiendo con el deber y honor que el Señor da a los padres en la educación de sus hijos, la asamblea de Westminster redactó un catecismo menor—una forma de instruir en base a preguntas y respuestas— para así, enseñar las verdades bíblicas a los más pequeños. De esta manera, tanto los padres como los hijos serían formados en una piedad que es conforme a la verdad; una verdad enraizada en la Palabra que involucra amar y servir a Dios con todo el intelecto, afectos y voluntad.

Aquellos que participaron en la redacción de este documento poseían esta disposición de amar a Dios con todo su ser. La mayoría de los miembros eran pastores y teólogos que, de acuerdo con Sinclair Ferguson, «creían que la meta de la teología era práctica —para [así] permitirnos vivir bien para la gloria de Dios—». En esencia, podemos entender que una buena praxis estará siempre cimentada en una buena doctrina.

Urgentemente, en nuestros contextos necesitamos una teología que sea teórica-práctica. Esa es justamente la naturaleza de la Confesión de Fe de Westminster y su Catecismo Menor. Debido a esto, la suscripción a este tipo de documentos (Credos y Confesiones) es vital para el sano crecimiento de nuestras iglesias. De hecho, de inmediato podemos extraer una aplicación práctica para nuestras iglesias al comprender que el propósito de este libro no es generar orgullo, pasividad o que simplemente quede guardado en la biblioteca del pastor sin ser constantemente estudiado. Más bien, estos documentos confesionales tendrán un buen uso al ser estudiados en el hogar de cada familia para que, una vez iluminadas nuestras mentes —y encendidos nuestros corazones— podamos cumplir con nuestras vocaciones y dar gloria a Dios en todo lo que hacemos.

Nuestras iglesias evangélicas necesitan ser iglesias confesionales en sus determinados contextos. A pesar de que son varios siglos que nos separan de aquellos cristianos que se reunieron en Nicea (en el año 325) o en la Abadía de Westminster (en el año 1643), es mucho, muchísimo más lo que nos une. Nos une un Señor, una fe, un bautismo y una confesión: Jesucristo es el Señor para la gloria de Dios Padre. Es más, nos une un mismo Espíritu que, a la vez, nos une a una misma Cabeza, que es Cristo. Por lo tanto, hay sabiduría en abrazar los credos y confesiones de la Iglesia cristiana mientras que, al mismo tiempo, servimos activamente en nuestras iglesias. En palabras de Carl Trueman, para el prólogo del libro de Chad Van Dixhoorn *La Fe que Confesamos*, «los cristianos confesionales no son sólo aquellos que están comprometidos a una cierta doctrina; más bien, son aquellos que se comprometen a una forma de vida particular dentro del contexto de la iglesia».

En resumen, debemos creer, confesar y vivir para la gloria de Dios en nuestras familias, iglesias y distintos contextos culturales. Para esto, el estudio de los credos universales, como también de la Confesión de Fe de Westminster, y su respectivo catecismo, pueden ser de gran ayuda para crecer en el deleite de Cristo junto con todos los santos aquí en la tierra, como también en la eternidad, cuando le veamos cara a cara y disfrutemos sublimemente del Dios trino en el cielo nuevo y tierra nueva.

Nota sobre esta nueva edición

En esta edición, hemos incluido el Credo Apostólico, Credo de Nicea, Credo Niceno o Niceno-Constantinopolitano y el Credo de Calcedonia.

Esta nueva versión de la Confesión de Fe de Westminster, y de su Catecismo Menor, corresponde a una nueva revisión y traducción de ambos textos, en conjunto con sus respectivos textos bíblicos basada en *The Westminster Confession* (Edimburgo: The Banner of Truth Trust, 2018), *The Confession of Faith* (Londres, 1651) y *Collectio confessionum in Ecclesiis reformatis publicatarum appendix*, editado por Hermann Agathon Niemeyer (Leipzig, 1840). Para conocer más sobre el contexto histórico de este documento confesional, hemos agregado una parte de la introducción del libro *La Fe que Confesamos. Una guía de estudio a la Confesión de Fe de Westminster* (Edimburgo: El Estandarte de la Verdad, 2022) escrita por el doctor Chad Van Dixhoorn. Los pastores, ancianos, diáconos, estudiantes y cristianos interesados en crecer en un conocimiento doctrinal y espiritual serán tremendamente beneficiados al estudiar el libro del profesor Van Dixhoorn.

Israel Guerrero
Editor en español de El Estandarte de la Verdad.
Marzo 2023,
Edimburgo, Escocia.

INTRODUCCIÓN HISTÓRICA POR CHAD VAN DIXHOORN*

La Asamblea de Westminster (1643–1653)

Dos años antes que una asamblea de teólogos se reuniera en la Abadía de Westminster (de donde la Confesión de Fe de Westminster recibe su nombre), el célebre pastor Edmund Calamy exhortó a la Cámara de los Comunes que reformara la Iglesia de Inglaterra. Lo que lo motivó no fue la nostalgia por los edénicos días del niño-rey inglés, el evangélico y reformado Eduardo VI. Al contrario, Calamy instó al Parlamento a «reformar la Reforma misma». No fue sino hasta 1643 que la reforma moderna que Calamy había exigido se manifestó en la convocatoria del que sería el último de los grandes sínodos posteriores a la Reforma.

Es más fácil anunciar una máxima que vivir conforme a ella, y bien lo sabían los 120 teólogos de la Asamblea de Westminster, a quienes se les encargó decidir cómo se reformaría la iglesia y cuáles serían sus estándares doctrinales. La Asamblea de Westminster fue convocada por el Parlamento inglés en medio de una violenta guerra civil con el Rey Carlos I a principios de la década de 1640. El cometido de la asamblea era proponer al Parlamento los cambios a la estructura, culto, y enseñanza de la iglesia que considerara necesarios. Dicho de otro modo, al encuentro se le dio la tarea de hacer lo que los puritanos dentro de la iglesia habían soñado por años. Fuera de la iglesia inglesa también

*Agradecemos al doctor Van Dixhoorn por la inclusión de esta introducción la cual ha sido tomada de su libro *La Fe que Confesamos. Una guía de estudio a la Confesión de Fe de Westminster* la cual tambien es publicado por El Estandarte de la Verdad (Edimburgo, 2022).

había quienes anhelaban una reforma: los presbiterianos escoceses. Con un gusto amargo y persistente debido a la interferencia inglesa en sus asuntos eclesiásticos, los escoceses estaban convencidos de que solo una reforma a gran escala en la iglesia del sur podría proteger las doctrinas centrales de su propia iglesia en el norte.

A nivel nacional y local, la Asamblea de Westminster se encargó de purgar a la iglesia inglesa de muchos predicadores deplorables y de llenarla de predicadores menos deplorables. A nivel internacional, intentó editar, y terminó por reescribir, los textos oficiales para las iglesias de Inglaterra, Gales, Escocia e Irlanda; redactó instrucciones para el gobierno eclesiástico, publicó un manual de culto público, emitió declaraciones doctrinales, mantuvo correspondencia con iglesias en el extranjero, produjo dos catecismos y escribió una nueva confesión de fe.

Francamente Edmund Calamy y sus colegas deberían haber quedado satisfechos con estas reformas. Pero no fue así. Editar y escribir documentos tales como un manual de culto público o una confesión se veía más fácil de lo que fue en realidad. Si bien cada ministro era capaz de expresar su propio entendimiento bíblico, era mucho más difícil llegar a un acuerdo colectivamente. En ese entonces (tal como hoy) había muchos arquitectos deseosos de ver una reforma pero muy pocos constructores que podían llevarla a cabo. La experiencia de Calamy fue frustrante. «Nadie sabe de qué se trata esta reforma», lamentó. «Esto es un pecado y una miseria».

La Confesión de Fe de Westminster (1646)

Si bien en 1644 Edmund Calamy se sentía abatido, dos años más tarde la asamblea había logrado terminar su emblemática confesión. El producto final fue digno de celebración en ese entonces y todavía lo es hoy. La declaración de fe que la asamblea produjo es un texto verdaderamente notable en la historia del cristianismo. El que examine sus páginas encontrará un firme compendio de la verdad y su aplicación a la vida.

La Confesión de Westminster es un resumen de teología cristiana en la tradición reformada. Compila más de treinta verdades particulares de las Escrituras. Los temas se titulaban originalmente «artículos» de fe, siguiendo el ejemplo de los Treinta y Nueve Artículos de la Iglesia de Inglaterra. Probablemente fue escrita en tercera persona en vez de primera porque la idea era reemplazar a los Treinta y Nueve Artículos: las páginas de la confesión declaran lo que la Biblia enseña, no lo que los santos creen que la Biblia enseña. Al igual que los Treinta y Nueve Artículos, la confesión presenta la ortodoxia de modo más bien autoritativo que personal.

No obstante, para aquellos que abrazan la narrativa cristiana y el significado de esa narrativa según se presenta aquí, esta confesión efectivamente declara lo que los santos creen; una vez que se cree, llega a ser personal. Las primeras páginas de la confesión se regocijan en la maravilla de la revelación de Dios en el mundo y en la Palabra. Párrafos enteros meditan en la plenitud y claridad de las Escrituras, y muestran considerable deferencia a la autoridad y finalidad de los 66 libros de la Biblia. Con devoción y deleite, la confesión luego considera al Dios que se revela a sí mismo en todas sus perfecciones. Con reverencia y asombro, los teólogos de Westminster procuran decir lo que se puede decir del Dios que es uno y que al mismo tiempo es tres. Algunas líneas rebosan de las glorias del Dios eterno; otras rebosan de su carácter «amoroso», «benigno» y «misericordioso».

Los lectores notarán rápidamente que, capítulo tras capítulo, la Confesión de Fe de Westminster esboza la gran historia de nuestra redención: las sombrías realidades de la caída, los bondadosos pactos de Dios con el hombre, el extraordinario anuncio de salvación, y nuestra firme esperanza de vida eterna; todas estas cosas se presentan en pinceladas gruesas pero consideradas cuidadosamente. La claridad de esta presentación del evangelio en todas sus partes es la razón por la cual la Confesión de Fe de Westminster pertenece al primer rango de los grandes credos cristianos. La tienen en alta estima los reformados congregacionalistas, bautistas, metodistas y episcopales; los presbiterianos la atesoran. Es quizás el más sabio de los credos en cuanto a su enseñanza y el más fino en cuanto a su expresión doctrinal. Ciertamente es una guía confiable a las Escrituras, las cuales son la única guía confiable a Dios. De hecho, los lectores se darán cuenta de que la reflexión en los capítulos de la confesión a menudo conduce al estudio de las palabras de la Escritura. Pocos ejercicios producen una rentabilidad de inversión del tiempo personal tan abundante.

Considerando el texto en su totalidad, la Confesión de Fe de Westminster tiene tres fortalezas principales. La primera tiene que ver con la coherencia, la claridad, y el minucioso enfoque de cada uno de sus capítulos, los cuales se organizan en torno a un tema doctrinal o bíblico central. Reunidos al final de la prolongada Reforma, los miembros de la Asamblea de Westminster (1643–1653) querían cosechar lo mejor de la exégesis de los reformadores, las estructuras doctrinales más útiles de los teólogos medievales, y las percepciones más duraderas de los padres de la iglesia. Los miembros de la asamblea estudiaron fuentes de estos tres grupos y dedicaron una enorme cantidad de tiempo y energía a sintetizar sus hallazgos en este documento de 12.000 palabras. También reflexionaron a nivel personal en las implicaciones generales de estas doctrinas e intentaron juiciosamente poner en práctica la teología que profesaban. Esta confesión refleja el fruto de sus labores.

La segunda característica distintiva de esta confesión es su diseño: una guía para lectores de la Biblia. Contiene párrafos escritos con el simple propósito de ayudar a los cristianos a entender ciertas palabras y frases de las Escrituras. La asamblea también incluyó 2.500 «referencias bíblicas» para respaldar la enseñanza de la confesión. Para aquellos que tengan la paciencia para investigar la base bíblica de la doctrina cristiana, el estudio de esta declaración de fe junto con los pasajes que la respaldan les pagará grandes dividendos. Pero la paciencia es esencial, porque la asamblea no incluyó explicaciones para los pasajes que citó. Los eruditos reconocen que estos textos funcionan como notas al pie de página que apuntan no solo a pasajes bíblicos sino también al consenso reformado en cuanto a esos pasajes, al cual se puede acceder por medio de libros escritos contemporáneos o anteriores a la asamblea. Sin embargo, la mayoría de nosotros no tenemos acceso a tales libros y, por lo tanto, debemos reflexionar atentamente, orar y meditar para que la luz de estos versículos, que iluminaron a nuestros antepasados, también resplandezca sobre nosotros. No obstante, si se utilizan adecuadamente, estas citas son un capital del cual lectores diligentes pueden sacar provecho.

La tercera ventaja principal de esta confesión es que aborda no solo doctrinas fundamentales que son obvias, sino también algunas doctrinas fundamentales que son difíciles. Muchos de los temas tratados en esta confesión de fe han disuadido a gente pusilánime, tales como el problema del mal, los decretos divinos, y la libertad o esclavitud de la voluntad. La asamblea ofrece bocetos cautelosos para cada tema y también respuestas claras contra errores doctrinales. Estos esbozos son útiles tanto para los neófitos en la fe cristiana como para los teólogos experimentados.

La confesión de la asamblea es clara, es una buena guía a la Biblia y presenta un tratamiento provechoso de doctrinas desafiantes. No obstante, este tratamiento de doctrina cristiana no es tan conciso como podría ser. En parte esto se debe a que todo intento de tratar temas doctrinales como si fueran áreas teológicas aisladas es susceptible a conflictos con temas aledaños. ¿Cómo se podría completar una doctrina de la justificación sin incluir algo acerca de la propiciación o de la fe salvadora? A fin de cuentas, la Asamblea de Westminster se dedicó más bien a discutir cada tema exhaustivamente que a confeccionar una confesión concisa.

Si bien a veces los lectores se preguntan por qué la confesión parece redundante, a veces también cuestionan su especificidad. ¿Por qué no basta con hablar simplemente de ser «salvos» o de estar «en Cristo»? ¿Por qué la confesión tiene que definir también la «justificación», la «imputación» y el «perdón»? Para ser franco, me parece que una razón que explica la especificidad de la confesión tiene que ver simplemente con el gusto de sus autores. A veces los cristianos absortos desarrollan un apetito por Dios que se transforma en un deseo insaciable por descubrir nuevos motivos doxológicos. Resulta que las Escrituras mismas provocan este tipo de pensamiento y alabanza; los elementos constitutivos de doctrinas, y no simplemente grandes concentraciones de verdad cristiana, se presentan en la Biblia en maneras que estimulan nuestra atención y meditación. Se nos invita a regocijarnos en los detalles del plan de salvación y en las bendiciones particulares que recibimos de Dios y de su evangelio. Los alumnos dedicados en la escuela de Cristo desarrollan el instinto de disfrutar cada pincelada sobre la tela de la revelación divina de la redención, y no simplemente el efecto final que el Maestro ha producido.

Otra razón por la cual observamos un cuidado en el uso terminológico preciso en esta confesión es porque la clasificación facilita el aprendizaje. Esto se observa en la química y en la gramática, y también en la teología. Tomemos, por ejemplo, la doctrina de la justificación. Las Escrituras hablan de una justicia verdadera que se atribuye a quienes no la merecen, y de un don gratuito de perdón obtenido para pecadores. A veces las Escrituras conectan esta justicia atribuida a la justificación, y otras veces conectan el perdón a la justificación. Como muchos lectores de la Biblia antes y después de ellos, los autores de esta confesión observaron estas frecuentes asociaciones verbales y conceptuales y, en este caso, llegaron a la conclusión de que la «justificación» debe ser el término global para la justicia atribuida y el perdón divino, dos aspectos distintos pero unidos de la misma doctrina de la justificación.

Luego de descubrir un detalle como ese, mediante un estudio minucioso de las Escrituras, es prácticamente imposible que un cristiano atento se contente simplemente con hablar de la «justificación en general» o «de la palabra justificación como se entendía en el mundo griego». Ya que los autores bíblicos asignan un contenido específico a la doctrina y a las palabras, un estudio bíblico responsable requiere que dicho contenido se identifique, se explique y se confiese. Precisamente esto es lo que hace la Confesión de Fe de Westminster en todos sus capítulos: presenta ideas doctrinales, esboza la manera en que se tratan y asocian en la Biblia, y ayuda al lector a confesar estas doctrinas de una manera reflexiva.

CONFESIÓN DE FE DE WESTMINSTER

CONFESIÓN DE FE

CAPÍTULO 1

De la Santa Escritura

1.1 Aunque la luz de la naturaleza y las obras de la creación y la providencia manifiestan la bondad, la sabiduría y el poder de Dios, de tal manera que los hombres quedan sin excusa,[1] no son, sin embargo, suficientes para dar aquel conocimiento de Dios y de su voluntad que es necesario para la salvación,[2] por lo que agradó a Dios, en distintas épocas y de diversas maneras, revelarse a sí mismo y declarar su voluntad a su Iglesia,[3] y además, para conservar y propagar mejor la Verdad, y para el mayor consuelo y fortalecimiento de la Iglesia contra la corrupción de la carne y la malicia de Satanás y del mundo, le agradó dejar esta revelación por escrito.[4] Por todo lo cual, la Santa Escritura es muy necesaria,[5] y tanto más cuanto que han cesado ya los modos anteriores por los cuales Dios reveló su voluntad a su Iglesia.[6]

Referencias bíblicas

[1] Romanos 2:14, 15; Romanos 1:19, 20; Salmos 19:1-3; Romanos 1:32 y Romanos 2:1.

[2] 1 Corintios 1:21; 1 Corintios 2:13, 14.

[3] Hebreos 1:1.

[4] Proverbios 22:19-21; Lucas 1:3, 4; Romanos 15:4; Mateo 4:4, 7, 10; Isaías 8:19, 20.

[5] 2 Timoteo 3:15; 2 Pedro 1:19.

[6] Hebreos 1:1, 2.

1.2 Bajo el nombre de Santa Escritura o Palabra de Dios escrita, ahora están contenidos todos los libros del Antiguo y Nuevo Testamento, que son estos:

DEL ANTIGUO TESTAMENTO

Génesis
Éxodo
Levítico
Números
Deuteronomio
Josué
Jueces
Rut
1 Samuel
2 Samuel
1 Reyes
2 Reyes
1 Crónicas
2 Crónicas
Esdras
Nehemías
Ester
Job
Salmos
Proverbios
Eclesiastés
Cantares
Isaías
Jeremías
Lamentaciones
Ezequiel
Daniel
Oseas
Joel
Amós
Abdías
Jonás
Miqueas
Nahúm
Habacuc
Sofonías
Hageo
Zacarías
Malaquías

DEL NUEVO TESTAMENTO

Los Evangelios
de acuerdo a
Mateo
Marcos
Lucas
Juan
Hechos de los
Apóstoles
Epístolas de Pablo
a los
Romanos
1 Corintios
2 Corintios
Gálatas
Efesios
Filipenses
Colosenses
1 Tesalonicenses
2 Tesalonicenses
1 Timoteo
2 Timoteo
a Tito
a Filemón
La Epístola a los
Hebreos
La Epístola de
Santiago
La primera y segunda
Epístolas de Pedro
La primera, segunda,
y tercera
Epístolas de Juan
La Epístola de Judas
El Apocalipsis
de Juan

Todos estos fueron dados por inspiración de Dios para que sean la regla de fe y vida.[1]

Referencias bíblicas

[1] Lucas 16:29, 31; Efesios 2:20; Apocalipsis 22:18, 19; 2 Timoteo 3:16.

1.3 Los libros comúnmente llamados «apócrifos», por no ser de inspiración divina, no son parte del canon de la Escritura ni son, por tanto, de autoridad en la Iglesia de Dios, ni deben ser aprobados, o usados, excepto de la misma manera que otros escritos humanos.[1]

Referencias bíblicas

[1] Lucas 24:27, 44; Romanos 3:2; 2 Pedro 1:21.

1.4 La autoridad de la Santa Escritura, por la cual debe ser creída y obedecida, no depende del testimonio de ningún hombre o iglesia, sino completamente de Dios, el autor de ellas —quien es en sí mismo la Verdad—, por lo tanto, debe ser recibida porque es la Palabra de Dios.[1]

Referencias bíblicas

[1] 2 Pedro 1:19, 21; 2 Timoteo 3:16; 1 Juan 5:9; 1 Tesalonicenses 2:13.

1.5 Podemos ser movidos e inducidos por el testimonio de la Iglesia a una alta y reverente estima de la Santa Escritura,[1] a su vez, el carácter celestial del contenido de la Biblia, la eficacia de la doctrina, la majestad de su estilo, la armonía de todas sus partes, el alcance de todo su conjunto (que es el de dar toda la gloria a Dios), el pleno descubrimiento que hace del único camino de la salvación del hombre, y sus otras muchas e incomparables excelencias, así como su entera perfección, son argumentos por los cuales se evidencia abundantemente a sí misma ser la Palabra de Dios. Sin embargo, nuestra completa persuasión y seguridad de su infalible verdad y autoridad divina, provienen de la obra interna del Espíritu Santo, quien da testimonio a nuestro corazones mediante la Palabra y con la Palabra.[2]

Referencias bíblicas

[1] 1 Timoteo 3:15.

[2] 1 Juan 2:20, 27; Juan 16:13, 14; 1 Corintios 2:10-12; Isaías 59:21.

1.6 El consejo completo de Dios referente a todas las cosas necesarias para su propia gloria y para la salvación, fe y vida del hombre, está expresamente expuesto en la Escritura o se puede deducir de la Escritura por buena y necesaria consecuencia, a la cual nada debe añadirse en ningún tiempo, ya sea por nuevas revelaciones del Espíritu o las tradiciones de los hombres.[1] Sin embargo, reconocemos que la iluminación interna del Espíritu de Dios es necesaria para un conocimiento salvífico de las cosas reveladas en la Palabra,[2] y que hay algunas circunstancias sobre la adoración de Dios y al gobierno de la Iglesia, comunes a las acciones y sociedades humanas, que deben ser ordenadas conforme a la luz de la naturaleza y de la prudencia cristiana, de acuerdo con las reglas generales de la Palabra, las cuales han de guardarse siempre.[3]

Referencias bíblicas

[1] 2 Timoteo 3:15-17; Gálatas 1:8, 9; 2 Tesalonicenses 2:2.
[2] Juan 6:45; 1 Corintios 2:9-12.
[3] 1 Corintios 11:13, 14; 1 Corintios 14:26, 40.

1.7 Todas las cosas en la Escritura no son igualmente simples en sí mismas, ni igualmente claras para todos;[1] sin embargo, las cosas que necesariamente deben saberse, creerse y guardarse para salvación, se proponen y declaran tan claramente en uno u otro lugar de la Escritura, de tal manera que no solo los eruditos, sino también los que no lo son, pueden adquirir un conocimiento suficiente de tales cosas por el debido uso de los medios ordinarios.[2]

Referencias bíblicas

[1] 2 Pedro 3:16.
[2] Salmos 119:105, 130.

1.8 El Antiguo Testamento en hebreo (que era la lengua nativa del pueblo de Dios antiguamente) y el Nuevo Testamento en griego (que en la época en que fue escrito era la lengua más conocida entre las naciones), siendo inspirados inmediatamente por Dios y mantenidos puros a través de los siglos por su especial cuidado y providencia, son por lo tanto auténticos,[1] y por esa razón la Iglesia debe apelar a ellos, en última instancia, en toda controversia religiosa.[2] Pero como dichas lenguas no son conocidas por todo el pueblo de Dios, que tiene derecho a las Escrituras e interés en ellas, y tiene ordenado leerlas y escudriñarlas en el temor de Dios,[3] deben por ello ser traducidas a la lengua vulgar de toda nación a la que sean llevadas,[4] para que morando abundantemente la Palabra de Dios en todos, puedan adorar a Dios de manera aceptable[5] y así, mediante la paciencia y consolación de las Escrituras, tengan esperanza.[6]

Referencias bíblicas

[1] Mateo 5:18.
[2] Isaías 8:20; Hechos 15:15; Juan 5:39, 46.
[3] Juan 5:39.
[4] 1 Corintios 14:6, 9, 11, 12, 24, 27, 28.
[5] Colosenses 3:16.
[6] Romanos 15:4.

1.9 La regla infalible de interpretación de la Escritura es la Escritura misma; por consiguiente, cuando hay dificultad respecto al sentido verdadero y pleno de un pasaje cualquiera (sentido que no es múltiple, sino único), este debe ser investigado y entendido mediante otros lugares que hablen más claramente.[1]

Referencias bíblicas

[1] 2 Pedro 1:20, 21; Hechos 15:15, 16.

1.10 El Juez Supremo, por quien deben decidirse todas las controversias religiosas, y todos los decretos de concilios, opiniones de antiguos autores y doctrinas de hombres y espíritus privados deben ser examinados, y en cuya sentencia debemos descansar, no puede ser otro sino el Espíritu Santo hablando en la Escritura.[1]

Referencias bíblicas

[1] Mateo 22:29, 31; Efesios 2:20 con Hechos 28:25.

CAPÍTULO 2

De Dios y de la Santa Trinidad

2.1 No hay sino un solo Dios,[1] vivo y verdadero,[2] que es infinito en su ser y perfección,[3] un espíritu purísimo,[4] invisible,[5] sin cuerpo, partes[6] o pasiones;[7] inmutable,[8] inmenso,[9] eterno,[10] incomprensible,[11] todopoderoso,[12] sapientísimo,[13] santísimo,[14] más libre,[15] absolutísimo;[16] que hace todas las cosas según el consejo de su propia voluntad, la cual es inmutable y justísima,[17] y para su propia gloria;[18] es amorosísimo,[19] lleno de gracia y misericordioso, paciente, abundante en bondad y verdad, perdonador de la iniquidad, la transgresión y el pecado;[20] el galardonador de todos los que le buscan con diligencia;[21] y, además, justísimo y terrible en sus juicios;[22] que odia todo pecado[23] y que de ninguna manera tendrá por inocente al culpable.[24]

Referencias bíblicas

[1] Deuteronomio 6:4; 1 Corintios 8:4, 6.
[2] 1 Tesalonicenses 1:9; Jeremías 10:10.
[3] Job 11:7-9 y Job 26:14.
[4] Juan 4:24.
[5] 1 Timoteo 1:17.
[6] Deuteronomio 4:15, 16; Juan 4:24 con Lucas 24:39.
[7] Hechos 14:11, 15.
[8] Santiago 1:17; Malaquías 3:6.
[9] 1 Reyes 8:27; Jeremías 23:23, 24.
[10] Salmos 90:2; 1 Timoteo 1:17.
[11] Salmos 145:3.
[12] Génesis 17:1; Apocalipsis 4:8.
[13] Romanos 16:27.
[14] Isaías 6:3; Apocalipsis 4:8.
[15] Salmos 115:3.
[16] Éxodo 3:14.
[17] Efesios 1:11.
[18] Proverbios 16:4; Romanos 11:36.
[19] 1 Juan 4:8, 16.
[20] Éxodo 34:6, 7.
[21] Hebreos 11:6.
[22] Nehemías 9:32, 33.

[23] Salmos 5:5, 6.
[24] Nahúm 1:2, 3; Éxodo 34:7.

2.2 Dios posee en sí mismo y por sí mismo toda vida,[1] gloria,[2] bondad[3] y bienaventuranza [beatitud o felicidad];[4] es todo suficiente en sí mismo y para a sí mismo, no teniendo necesidad de ninguna de las criaturas que Él ha hecho,[5] ni derivando gloria alguna de ellas,[6] sino que solamente manifiesta su propia gloria en ellas, por ellas, hacia ellas y sobre ellas. Él es la única fuente de todo ser, de quien, por quien y para quien son todas las cosas,[7] teniendo sobre ellas el más soberano dominio, y haciendo por medio de ellas, para ellas o sobre ellas todo lo que a Él le place.[8] Todas las cosas están abiertas y manifiestas delante de su vista;[9] su conocimiento es infinito, infalible e independiente de toda criatura[10] de modo que para Él no hay ninguna cosa contingente o incierta.[11] Es santísimo en todos sus consejos, en todas sus obras y en todos sus mandatos.[12] A Él se deben toda adoración, servicio u obediencia que le plazca requerir de los ángeles, de los seres humanos y de toda otra criatura.[13]

Referencias bíblicas

[1] Juan 5:26.
[2] Hechos 7:2.
[3] Salmos 119:68.
[4] 1 Timoteo 6:15; Romanos 9:5.
[5] Hechos 17:24, 25.
[6] Job 22:2, 3.
[7] Romanos 11:36.
[8] Apocalipsis 4:11; Daniel 4:25, 35; 1 Timoteo 6:15.
[9] Hebreos 4:13.
[10] Romanos 11:33, 34; Salmos 147:5.
[11] Hechos 15:18; Ezequiel 11:5.
[12] Salmos 145:17; Romanos 7:12.
[13] Apocalipsis 5:12-14.

2.3 En la unidad de la Divinidad hay tres personas, de una sustancia, poder y eternidad; Dios el Padre, Dios el Hijo y Dios el Espíritu Santo.[1] El Padre no es de ninguno, ni es engendrado ni procede de nadie; el Hijo es eternamente engendrado del Padre,[2] y el Espíritu Santo procede eternamente del Padre y del Hijo.[3]

Referencias bíblicas

[1] 1 Juan 5:7; Mateo 3:16, 17 y Mateo 28:19; 2 Corintios 13:14.

[2] Juan 1:14, 18.

[3] Juan 15:26; Gálatas 4:6.

CAPÍTULO 3

Del decreto eterno de Dios

3.1 Dios, desde toda la eternidad, por el más sabio y más santo consejo de su propia voluntad, ordenó libre e inmutablemente todo lo que sucede;[1] sin embargo, Él lo ordenó de tal manera que Dios no es el autor del pecado,[2] ni violenta la voluntad de las criaturas, ni quita la libertad o contingencia de las causas secundarias, sino que más bien las establece.[3]

Referencias bíblicas

[1] Efesios 1:11; Romanos 11:33 y 9:15, 18; Hebreos 6:17.
[2] Santiago 1:13, 17; 1 Juan 1:5.
[3] Hechos 2:23; 4:27, 28; Mateo 17:12; Juan 19:11; Proverbios 16:33.

3.2 Aunque Dios sabe todo lo que podría o puede pasar en todas las condiciones supuestas,[1] sin embargo, Él no ha decretado nada porque lo previó como futuro, o como aquello que podría de suceder bajo tales condiciones.[2]

Referencias bíblicas

[1] Hechos 15:18; 1 Samuel 23:11, 12; Mateo 11:21, 23.
[2] Romanos 9:11, 13, 16, 18.

3.3 Por el decreto de Dios, para la manifestación de su gloria, algunos seres humanos y ángeles[1] son predestinados para vida eterna, y otros preordinados para muerte eterna.[2]

Referencias bíblicas

[1] 1 Timoteo 5:21; Mateo 25:41.
[2] Romanos 9:22, 23; Efesios 1:5, 6; Proverbios 16:4.

3.4 Estos ángeles y seres humanos así predestinados y preordinados, están designados particular e inmutablemente; y su número es tan cierto y definido, que no se puede ni aumentar ni disminuir.[1]

Referencias bíblicas

[1] 2 Timoteo 2:19; Juan 13:18.

3.5 A aquellos de la humanidad que están predestinados para vida, Dios, antes de establecer los fundamentos del mundo, según su eterno e inmutable propósito, y el consejo secreto y beneplácito de su voluntad, los ha escogido en Cristo para gloria eterna[1] de su pura libre gracia y amor, sin ninguna previsión de fe o buenas obras, o perseverancia en cualquiera de ellas, o de cualquier otra cosa en la criatura, como condiciones o causas que le muevan a ello.[2] Y todo esto para la alabanza de su gloriosa gracia.[3]

Referencias bíblicas

[1] Efesios 1:4, 9, 11; Romanos 8:30; 2 Timoteo 1:9; 1 Tesalonicenses 5:9.
[2] Romanos 9:11, 13, 16; Efesios 1:4, 9.
[3] Efesios 1:6, 12.

3.6 Así como Dios ha designado a los elegidos para la gloria, de la misma manera, por el propósito eterno y más libre de su voluntad, ha preordinado los medios para ello.[1] Por tanto, los que son elegidos, estando caídos en Adán, son redimidos por Cristo;[2] son eficazmente llamados a la fe en Cristo por su Espíritu que obra en su debido momento; son justificados, adoptados, santificados[3] y guardados por su poder, mediante la fe, para salvación.[4] Nadie será redimido por Cristo, eficazmente llamado, justificado, adoptado, santificado y salvado, excepto solo los elegidos.[5]

Referencias bíblicas

[1] 1 Pedro 1:2; Efesios 1:4, 5 y Efesios 2:10; 2 Tesalonicenses 2:13.
[2] 1 Tesalonicenses 5:9, 10; Tito 2:14.
[3] Romanos 8:30; Efesios 1:5; 2 Tesalonicenses 2:13.
[4] 1 Pedro 1:5.
[5] Juan 17:9; Romanos 8:28, 39; Juan 6:64, 65; 8:47 y 10:26; 1 Juan 2:19.

3.7 Al resto de la humanidad, le plació a Dios pasarla por alto, según el consejo inescrutable de su propia voluntad, por el cual extiende su misericordia o la retiene como a Él le agrada, para la gloria de su soberano poder sobre sus criaturas, ordenándolas para deshonra e ira por causa de sus pecados, para alabanza de su gloriosa justicia.[1]

Referencias bíblicas

[1] Mateo 11:25, 26; Romanos 9:17, 18, 21, 22; 2 Timoteo 2:19, 20; Judas 4; 1 Pedro 2:8.

3.8 La doctrina de este alto misterio de la predestinación debe tratarse con especial prudencia y cuidado,[1] para que los hombres, al atender a la voluntad de Dios revelada en su Palabra, y dando obediencia a ella, puedan, por la certeza de su llamamiento eficaz, estar seguros de su elección eterna.[2] De este modo, esta doctrina proporcionará motivos de alabanza, reverencia y admiración a Dios;[3] y humildad, diligencia y abundante consuelo a todos los que sinceramente obedecen el Evangelio.[4]

Referencias bíblicas

[1] Romanos 9:20 y 11:33; Deuteronomio 29:29.

[2] 2 Pedro 1:10.

[3] Efesios 1:6; Romanos 11:33.

[4] Romanos 11:5, 6, 20 y 8:33; Lucas 10:20; 2 Pedro 1:10.

CAPÍTULO 4

De la creación

4.1 Agradó a Dios el Padre, Hijo y Espíritu Santo,[1] para la manifestación de la gloria de su eterno poder, sabiduría y bondad,[2] crear o hacer de la nada, en el principio, el mundo y todas las cosas que en él hay, ya sean visibles o invisibles, en un espacio de seis días, y todas ellas muy buenas.[3]

Referencias bíblicas

[1] Hebreos 1:2; Juan 1:2, 3; Génesis 1:2; Job 26:13 y 33:4.
[2] Romanos 1:20; Jeremías 10:12; Salmos 104:24; Salmos 33:5, 6.
[3] Génesis 1:1-31; Hebreos 11:3; Colosenses 1:16; Hechos 17:24.

4.2 Después de que Dios hubo hecho todas las demás criaturas, creó al ser humano, varón y hembra,[1] con almas racionales e inmortales,[2] dotados de conocimiento, justicia y verdadera santidad, según su propia imagen;[3] teniendo la Ley de Dios escrita en sus corazones,[4] y el poder para cumplirla;[5] y sin embargo con la posibilidad de transgredirla, siendo dejados a la libertad de su propia voluntad, la cual estaba sujeta a cambio.[6] Además de la Ley escrita en su corazón, recibieron el mandato de no comer del árbol de la ciencia del bien y del mal, y mientras obedecieron, fueron felices en su comunión con Dios,[7] y tenían dominio sobre las criaturas.[8]

Referencias bíblicas

[1] Génesis 1:27.
[2] Génesis 2:7 con Eclesiastés 12:7 y Lucas 23:43; Mateo 10:28.
[3] Génesis 1:26; Colosenses 3:10; Efesios 4:24.
[4] Romanos 2:14, 15.
[5] Eclesiastés 7:29.
[6] Génesis 3:6; Eclesiastés 7:29.
[7] Génesis 2:17; 3:8–11, 23.
[8] Génesis 1:26, 28.

CAPÍTULO 5

De la providencia

5.1 Dios, el gran Creador de todas las cosas, sostiene,[1] dirige, dispone y gobierna a todas las criaturas, acciones y cosas,[2] desde la más grande hasta la más pequeña,[3] por su muy sabia y santa providencia,[4] según su infalible presciencia,[5] y el libre e inmutable consejo de su propia voluntad,[6] para la alabanza de la gloria de su sabiduría, poder, justicia, bondad y misericordia.[7]

Referencias bíblicas

[1] Hebreos 1:3.
[2] Daniel 4:34, 35; Salmos 135:6; Hechos 17:25, 26, 28; Job capítulos 38–41.
[3] Mateo 10:29-31.
[4] Proverbios 15:3; Salmos 145:17; 104:24.
[5] Hechos 15:18; Salmos 94:8-11.
[6] Efesios 1:11; Salmos 33:10, 11.
[7] Efesios 3:10; Romanos 9:17; Salmos 145:7; Isaías 63:14; Génesis 45:7.

5.2 Aunque en relación con la presciencia y el decreto de Dios, la causa primera, todas las cosas suceden de modo infalible e inmutable,[1] sin embargo, por la misma providencia, las ha ordenado de manera que ocurren según la naturaleza de las causas secundarias, sea necesaria, libre o contingentemente.[2]

Referencias bíblicas

[1] Hechos 2:23.
[2] Génesis 8:22; Jeremías 31:35; Éxodo 21:13 con Deuteronomio 19:5; 1 Reyes 22:28, 34; Isaías 10:6, 7.

5.3 Dios, en su providencia ordinaria, hace uso de medios,[1] no obstante es libre de obrar sin ellos,[2] sobre ellos[3] y contra ellos,[4] según le plazca.

Referencias bíblicas

[1] Hechos 27:31, 44; Isaías 55:10, 11; Oseas 2:21, 22.
[2] Oseas 1:7; Mateo 4:4; Job 34:10.
[3] Romanos 4:19-21.
[4] 2 Reyes 6:6; Daniel 3:27.

5.4 El poder todopoderoso, la sabiduría inescrutable y la bondad infinita de Dios se manifiestan en su providencia, de tal manera que esta se extiende aun hasta la primera caída y a todos los otros pecados de los ángeles y de los hombres,[1] y esto no por un mero permiso,[2] sino por haberlos unido con un lazo muy sabio y muy poderoso,[3] ordenándolos y gobernándolos en una administración múltiple para sus propios fines santos;[4] pero de tal modo que lo pecaminoso procede solo de la criatura, y no de Dios, quien siendo santísimo y justísimo, no es, ni puede ser, el autor o aprobador del pecado.[5]

Referencias bíblicas

[1] Romanos 11:32-34; 2 Samuel 24:1; 1 Crónicas 21:1; 1 Reyes 22:22, 23; 1 Crónicas 10:4, 13, 14; 2 Samuel 16:10; Hechos 2:23; Hechos 4:27, 28.
[2] Hechos 14:16.
[3] Salmos 76:10; 2 Reyes 19:28.
[4] Génesis 50:20; Isaías 10:6, 7, 12.
[5] Santiago 1:13, 14, 17; 1 Juan 2:16; Salmos 50:21.

5.5 El Dios más sabio, justo y lleno de gracia, a menudo deja por algún tiempo a sus hijos en diversas tentaciones y en la corrupción de su propio corazón, a fin de castigarlos por sus pecados anteriores, o para descubrirles la fuerza oculta de la corrupción y de lo engañoso de sus corazones, para que sean humildes,[1] y para elevarlos a una más íntima y constante dependencia a fin de que se apoyen en Él, y para hacerlos más vigilantes en todas las ocasiones futuras de pecado y para otros muchos fines santos y justos.[2]

Referencias bíblicas

[1] 2 Crónicas 32:25, 26, 31; 2 Samuel 24:1.
[2] 2 Corintios 12:7-9; Salmos 73:1-28; 77:1-12; Marcos 14:66-72 con Juan 21:15-17.

5.6 En cuanto a aquellos hombres malvados e impíos a quienes Dios, como Juez justo, ha cegado y endurecido[1] a causa de sus pecados anteriores, no solo les retiene su gracia, por la cual sus entendimientos podrían haber sido iluminados y sus corazones obrados,[2] sino que también a veces les retira los dones que ya tenían,[3] y los expone a cosas que la corrupción de ellos convierte en ocasión de pecado,[4] y a la vez los entrega a sus propias concupiscencias, a las tentaciones del mundo y al poder de Satanás;[5] por lo cual sucede que se endurecen a sí mismos, aun bajo aquellos medios que Dios emplea para ablandar a otros.[6]

Referencias bíblicas

[1] Romanos 1:24, 26, 28 y 11:7, 8.
[2] Deuteronomio 29:4.
[3] Mateo 13:12; 25:29.
[4] Deuteronomio 2:30; 2 Reyes 8:12, 13.
[5] Salmos 81:11, 12; 2 Tesalonicenses 2:10-12.
[6] Éxodo 7:3; 8:15, 32; 2 Corintios 2:15, 16; Isaías 8:14;1 Pedro 2:7, 8; Isaías 6:9, 10 con Hechos 28:26, 27.

5.7 Del mismo modo que la providencia de Dios alcanza a todas las criaturas, así también de un modo especial cuida de su Iglesia y dispone todas las cosas para el bien de la misma.[1]

Referencias bíblicas

[1] 1 Timoteo 4:10; Amós 9:8, 9; Romanos 8:28; Isaías 43:3-5, 14.

CAPÍTULO 6

De la caída del hombre, del pecado y su castigo

6.1 Nuestros primeros padres, siendo seducidos por la sutileza y tentación de Satanás, pecaron al comer del fruto prohibido.[1] Quiso Dios, conforme a su santo propósito, permitir este pecado de ellos, habiéndose propuesto ordenarlo para su propia gloria.[2]

Referencias bíblicas

[1] Génesis 3:13; 2 Corintios 11:3.
[2] Romanos 11:32.

6.2 Por este pecado, ellos cayeron de su rectitud original y de su comunión con Dios;[1] por tanto quedaron muertos en el pecado[2] y completamente contaminados en todas las facultades y partes del alma y del cuerpo.[3]

Referencias bíblicas

[1] Génesis 3:6-8; Eclesiastés 7:29; Romanos 3:23.
[2] Génesis 2:17; Efesios 2:1.
[3] Tito 1:15; Génesis 6:5; Jeremías 17:9; Romanos 3:10-18.

6.3 Siendo ellos la raíz de toda la humanidad, la culpa de este pecado fue imputada,[1] y la misma muerte en el pecado, y la naturaleza corrompida, se transmitieron a su posteridad, descendiendo de ellos por generación ordinaria.[2]

Referencias bíblicas

[1] Génesis 1:27, 28; 2:16, 17; Hechos 17:26 con Romanos 5:12, 15-19 y 1 Corintios 15:21, 22, 49.
[2] Salmos 51:5; Génesis 5:3; Job 14:4 y 15:14.

6.4 De esta corrupción original, por la cual estamos completamente indispuestos, y somos incapaces y opuestos a todo bien,[1] y enteramente inclinados a todo mal,[2] proceden todas las transgresiones actuales.[3]

Referencias bíblicas

[1] Romanos 5:6; 8:7 y 7:18; Colosenses 1:21.
[2] Génesis 6:5; 8:21; Romanos 3:10-12.
[3] Santiago 1:14, 15; Efesios 2:2, 3 y Mateo 15:19.

6.5 Esta corrupción de la naturaleza permanece durante esta vida en aquellos que son regenerados;[1] y aun cuando sea perdonada y mortificada a través de Cristo, sin embargo, tanto esta corrupción, como todos sus movimientos, son verdadera y propiamente pecado.[2]

Referencias bíblicas

[1] 1 Juan 1:8, 10; Romanos 7:14, 17, 18, 23; Santiago 3:2; Proverbios 20:9; Eclesiastés 7:20.
[2] Romanos 7:5, 7, 8, 25; Gálatas 5:17.

6.6 Todo pecado, ya sea original o actual, siendo una transgresión de la justa Ley de Dios y contrario a ella,[1] por su propia naturaleza trae culpa sobre el pecador,[2] por lo que este queda bajo la ira de Dios[3] y de la maldición de la Ley,[4] y, por tanto, sujeto a la muerte, [5] con todas las miserias espirituales,[6] temporales[7] y eternas.[8]

Referencias bíblicas

[1] 1 Juan 3:4.
[2] Romanos 2:15 y 3:9, 19.
[3] Efesios 2:3.
[4] Gálatas 3:10.
[5] Romanos 6:23.
[6] Efesios 4:18.
[7] Romanos 8:20; Lamentaciones 3:39.
[8] Mateo 25:41; 2 Tesalonicenses 1:9.

CAPÍTULO 7

Del pacto de Dios con el hombre

7.1 La distancia entre Dios y la criatura es tan grande, que aunque las criaturas racionales le deben obediencia como su Creador, sin embargo nunca podrán tener disfrute alguno de Él como su felicidad [beatitud] y galardón, a no ser por alguna condescendencia voluntaria de parte de Dios, habiéndole complacido a Él expresarla a través del pacto.[1]

Referencias bíblicas

[1] Isaías 40:13-17; Job. 9:32, 33; 1 Samuel 2:25; Salmos 113:5, 6; Salmos 100:2, 3; Job 22:2, 3; 35:7, 8; Lucas 17:10, Hechos 17:24, 25.

7.2 El primer pacto hecho con el hombre fue un pacto de obras,[1] en el cual se le prometió vida a Adán, y en él a su posteridad,[2] bajo la condición de una obediencia perfecta y personal.[3]

Referencias bíblicas

[1] Gálatas 3:12.
[2] Romanos 10:5; 5:12-20.
[3] Génesis 2:17; Gálatas 3:10.

7.3 El hombre, por su caída, se hizo a sí mismo incapaz de la vida mediante aquel pacto, por lo que agradó a Dios hacer un segundo pacto,[1] llamado comúnmente pacto de gracia, según el cual Dios ofrece libremente a los pecadores vida y salvación por Jesucristo, requiriéndoles la fe en Él para que sean salvos[2] y prometiendo dar su Espíritu Santo a todos aquellos que están ordenados para vida, a fin de hacerlos dispuestos y capaces de creer.[3]

Referencias bíblicas

[1] Gálatas 3:21; Romanos 8:3 y 3:20, 21; Génesis 3:15; Isaías 42:6.
[2] Marcos 16:15, 16; Juan 3:16; Romanos 10:6, 9; Gálatas 3:11.
[3] Ezequiel 36:26, 27; Juan 6:44, 45.

7.4 Este pacto de gracia se presenta con frecuencia en la Escritura con el nombre de Testamento, en referencia a la muerte de Jesucristo —el Testador— y a la herencia eterna, con todas las cosas que pertenecen a la misma, según han sido legadas en él.[1]

Referencias bíblicas

[1] Hebreos 9:15-17; Hebreos 7:22; Lucas 22:20; 1 Corintios 11:25.

7.5 Este pacto fue administrado de manera diferente en la época de la Ley, y en la del Evangelio:[1] bajo la Ley se administraba mediante promesas, profecías, sacrificios, la circuncisión, el cordero pascual y otros tipos y ordenanzas entregados al pueblo judío; todos los cuales señalaban al Cristo que había de venir,[2] los cuales eran suficientes y eficaces en aquel tiempo, a través de la operación del Espíritu Santo, para instruir y edificar a los elegidos en la fe en el Mesías prometido,[3] por quien tenían plena remisión de pecados y salvación eterna. A este pacto se le llama el Antiguo Testamento.[4]

Referencias bíblicas

[1] 2 Corintios 3:6-9.
[2] Hebreos capítulos 8, 9 y 10; Romanos 4:11; Colosenses 2:11, 12; 1 Corintios 5:7.
[3] 1 Corintios 10:1-4; Hebreos 11:13; Juan 8:56.
[4] Gálatas 3:7-9, 14.

7.6 Bajo el Evangelio, cuando Cristo, la sustancia, [1] fue manifestado, las ordenanzas en las que se dispensa este pacto son la predicación de la Palabra y la administración de los sacramentos del bautismo y la Cena del Señor;[2] los cuales, aunque son menos en número y estén administradas con más simplicidad y menos gloria exterior, sin embargo, en ellas el pacto se muestra a todas las naciones, así a los judíos como a los gentiles, [3] con más plenitud, evidencia y eficacia espiritual, [4] y se le llama el Nuevo Testamento.[5] Por lo tanto, no hay dos pactos de gracia que difieran en sustancia, sino uno y el mismo bajo varias dispensaciones.[6]

Referencias bíblicas

[1] Colosenses 2:17.
[2] Mateo 28:19, 20; 1 Corintios 11:23-25.

[3] Hebreos 12:22-28; Jeremías 31:33, 34.
[4] Mateo 28:19; Efesios 2:15-19.
[5] Lucas 22:20.
[6] Gálatas 3:14, 16; Romanos 3:21, 22, 23, 30; Salmos 32:1 con Romanos 4:3, 6, 16, 17, 23, 24; Hebreos 13:8; Hechos 15:11.

CAPÍTULO 8

De Cristo el Mediador

8.1 Agradó a Dios, en su propósito eterno, escoger y ordenar al Señor Jesús, su unigénito Hijo, para ser el Mediador entre Dios y el hombre;[1] el Profeta,[2] Sacerdote[3] y Rey;[4] el Salvador y Cabeza de su Iglesia;[5] el Heredero de todas las cosas[6] y Juez del mundo;[7] y a quien desde la eternidad le dio un pueblo para ser su simiente,[8] y para que por Él, en el tiempo, su pueblo sea redimido, justificado, santificado y glorificado.[9]

Referencias bíblicas

[1] Isaías 42:1; 1 Pedro 1:19, 20; Juan 3:16; 1 Timoteo 2:5.
[2] Hechos 3:22.
[3] Hebreos 5:5, 6.
[4] Salmos 2:6; Lucas 1:33.
[5] Efesios 5:23.
[6] Hebreos 1:2.
[7] Hechos 17:31.
[8] Juan 17:6; Salmos 22:30; Isaías 53:10.
[9] 1 Timoteo 2:6; Isaías 55:4, 5; 1 Corintios 1:30.

8.2 El Hijo de Dios, la segunda persona de la Trinidad, siendo verdadera y eternamente Dios, de una sustancia e igual con el Padre, habiendo llegado la plenitud del tiempo, tomó sobre sí la naturaleza del hombre[1] con todas sus propiedades esenciales y con sus debilidades comunes, aunque sin pecado.[2] Fue concebido por el poder del Espíritu Santo en el vientre de la virgen María, de la sustancia de ella.[3] Así que dos naturalezas completas, perfectas y distintas, la Divina y la humana, fueron unidas inseparablemente en una Persona, sin ser cambiadas, mezcladas o confundidas.[4] Esta Persona es verdadero Dios y verdadero hombre, un solo Cristo, el único Mediador entre Dios y el hombre.[5]

Referencias bíblicas

[1] Juan 1:1, 14; 1 Juan 5:20; Filipenses 2:6; Gálatas 4:4.
[2] Hebreos 2:14, 16, 17; Hebreos 4:15.
[3] Lucas 1:27, 31, 35; Gálatas 4:4.

[4] Lucas 1:35; Colosenses 2:9; Romanos 9:5; 1 Pedro 3:18; 1 Timoteo 3:16.
[5] Romanos 1:3, 4; 1 Timoteo 2:5.

8.3 El Señor Jesús, en su naturaleza humana unida a la divina, fue santificado y ungido con el Espíritu Santo en sobre medida,[1] teniendo en Él todos los tesoros de la sabiduría y del conocimiento,[2] pues agradó al Padre que en Él habitase toda plenitud,[3] a fin de que siendo santo, inocente, sin mancha, lleno de gracia y de verdad,[4] fuese del todo apto para ejecutar el oficio de Mediador y Fiador.[5] Cristo no tomó por sí mismo este oficio, sino que fue llamado para ello por su Padre,[6] quien puso en sus manos todo juicio y poder, y le dio el mandamiento de ejecutar los mismos.[7]

Referencias bíblicas
[1] Salmos 45:7; Juan 3:34.
[2] Colosenses 2:3.
[3] Colosenses 1:19.
[4] Hebreos 7:26; Juan 1:14.
[5] Hechos 10:38; Hebreos 12:24; 7:22.
[6] Hebreos 5:4, 5.
[7] Juan 5:22, 27; Mateo 28:18; Hechos 2:36.

8.4 El Señor Jesús emprendió de muy buena voluntad este oficio,[1] y para desempeñarlo nació bajo la Ley[2] y la cumplió perfectamente;[3] padeció inmediatamente los más crueles tormentos en su alma,[4] y los más dolorosos sufrimientos en su cuerpo;[5] fue crucificado y murió,[6] fue sepultado y permaneció bajo el poder de la muerte, pero no vio corrupción.[7] Al tercer día se levantó de entre los muertos[8] con el mismo cuerpo que tenía cuando sufrió,[9] con el cual también ascendió al cielo, y allí está sentado a la diestra del Padre,[10] intercediendo;[11] y cuando sea el fin del mundo, retornará para juzgar a los hombres y a los ángeles.[12]

Referencias bíblicas
[1] Salmos 40:7, 8 con Hebreos 10:5-11; Juan 10:18; Filipenses 2:8.
[2] Gálatas 4:4.
[3] Mateo 3:15; 5:17.
[4] Mateo 26:37, 38; Lucas 22:44; Mateo 27:46.
[5] Mateo capítulos 26 y 27.
[6] Filipenses 2:8.

[7] Hechos 2:23, 24, 27; Hechos 13:37; Romanos 6:9.
[8] 1 Corintios 15:3, 4.
[9] Juan 20:25, 27.
[10] Marcos 16:19.
[11] Romanos 8:34; Hebreos 9:24; 7:25.
[12] Romanos 14:9, 10; Hechos 1:11; 10:42; Mateo 13:40-42; Judas 6; 2 Pedro 2:4.

8.5 El Señor Jesús, por su perfecta obediencia y el sacrificio de sí mismo, el cual ofreció a Dios una sola vez por el Espíritu eterno, ha satisfecho completamente la justicia del Padre,[1] y compró para todos aquellos que el Padre le había dado, no solo la reconciliación, sino también una herencia eterna en el Reino de los cielos.[2]

Referencias bíblicas

[1] Romanos 5:19; Hebreos 9:14, 16; 10:14; Efesios 5:2; Romanos 3:25, 26.
[2] Daniel 9:24, 26; Colosenses 1:19, 20; Efesios 1:11, 14; Juan 17:2; Hebreos 9:12, 15.

8.6 Aunque la obra de la redención no fue realmente efectuada por Cristo hasta después de su encarnación, sin embargo, la virtud, la eficacia y los beneficios de ella fueron comunicados a los elegidos en todas las épocas transcurridas desde el principio del mundo, en y por aquellas promesas, tipos y sacrificios, en los cuales Cristo fue revelado y significado como la simiente de la mujer que aplastaría la cabeza de la serpiente, y como el Cordero inmolado desde el principio del mundo, siendo el mismo ayer, hoy y por siempre.[1]

Referencias bíblicas

[1] Gálatas 4:4, 5; Génesis 3:15; Apocalipsis 13:8; Hebreos 13:8.

8.7 Cristo, en la obra de mediación, actúa de acuerdo a ambas naturalezas, haciendo por medio de cada naturaleza lo que es propio de ella;[1] aunque por razón de la unidad de la Persona, aquello que es propio de una naturaleza, en la Escritura algunas veces se atribuye a la persona denominada por la otra naturaleza.[2]

Referencias bíblicas

[1] Hebreos 9:14; 1 Pedro 3:18.
[2] Hechos 20:28; Juan 3:13; 1 Juan 3:16.

8.8 A todos aquellos para quienes Cristo compró la redención, Él la aplica y comunica cierta y eficazmente;[1] intercediendo por ellos,[2] revelándoles en y por la Palabra, los misterios de la salvación;[3] persuadiéndolos eficazmente por su Espíritu a creer y a obedecer, y gobernando sus corazones por su Palabra y Espíritu,[4] venciendo a todos sus enemigos con su gran poder y sabiduría, de tal modo y de tal manera, que estén más en consonancia con su maravillosa e inescrutable dispensación.[5]

Referencias bíblicas

[1] Juan 6:37, 39; Juan 10:15, 16.
[2] 1 Juan 2:1, 2; Romanos 8:34.
[3] Juan 15:13, 15; Efesios 1:7-9; Juan 17:6.
[4] Juan 14:16; Hebreos 12:2; 2 Corintios 4:13; Romanos 8:9, 14; Romanos 15:18, 19; Juan 17:17.
[5] Salmos 110:1; 1 Corintios 15:25, 26; Malaquías 4:2, 3; Colosenses 2:15.

CAPÍTULO 9

Del libre albedrío

9.1 Dios ha dotado a la voluntad del hombre con aquella libertad natural, que no es forzada, ni determinada hacia el bien o hacia el mal, por alguna necesidad absoluta de la naturaleza.[1]

Referencias bíblicas

[1] Mateo 17:12; Santiago 1:14; Deuteronomio 30:19.

9.2 El hombre, en su estado de inocencia, tenía libertad y poder para querer y hacer lo que es bueno y agradable a Dios,[1] pero era mutable y podía caer de ella.[2]

Referencias bíblicas

[1] Eclesiastés 7:29; Génesis 1:26.
[2] Génesis 2:16, 17; 3:6.

9.3 El hombre, por su caída en un estado de pecado, ha perdido completamente toda capacidad para querer cualquier bien espiritual que acompañe a la salvación[1] y, por consiguiente, como hombre natural que está enteramente opuesto a ese bien[2] y muerto en el pecado,[3] no puede por su propia fuerza convertirse a sí mismo o prepararse a sí mismo para la conversión.[4]

Referencias bíblicas

[1] Romanos 5:6 y 8:7; Juan 15:5.
[2] Romanos 3:10, 12.
[3] Efesios 2:1, 5; Colosenses 2:13.
[4] Juan 6:44, 65; Efesios 2:2-5; 1 Corintios 2:14; Tito 3:3-5.

9.4 Cuando Dios convierte a un pecador y lo traslada al estado de gracia, lo libera de su estado de esclavitud natural bajo el pecado,[1] y por su sola gracia lo capacita para querer y obrar libremente lo que es espiritualmente bueno;[2] pero, a pesar de ello, por razón de la corrupción que aún queda en él, este no quiere solamente y de un modo perfecto lo que es bueno, sino que también quiere lo que es malo.[3]

Referencias bíblicas

[1] Colosenses 1:13; Juan 8:34, 36.
[2] Filipenses 2:13; Romanos 6:18, 22.
[3] Gálatas 5:17; Romanos 7:15, 18, 19, 21, 23.

9.5 Únicamente en el estado de gloria, la voluntad del hombre se hace perfecta e inmutablemente libre para hacer tan solo aquello que es bueno.[1]

Referencias bíblicas

[1] Efesios 4:13; Hebreos 12:23; 1 Juan 3:2; Judas 24.

CAPÍTULO 10

Del llamamiento eficaz

10.1 A todos aquellos a quienes Dios ha predestinado para vida, y solamente a ellos, le agradó en su tiempo señalado y aceptado, llamarlos eficazmente,[1] por su Palabra y Espíritu,[2] de aquel estado de pecado y muerte en el que están por naturaleza, al estado de gracia y salvación por Jesucristo;[3] iluminando sus mentes espiritual y salvíficamente, a fin de entender las cosas de Dios,[4] quitándoles el corazón de piedra y dándoles uno de carne;[5] renovando sus voluntades, y determinándoles a aquello que es bueno por su poder todopoderoso,[6] acercándoles eficazmente a Jesucristo;[7] pero de tal manera que vienen a Él más libremente, siendo hechos dispuestos por su gracia.[8]

Referencias bíblicas

[1] Romanos 8:30; 11:7; Efesios 1:10, 11.
[2] 2 Tesalonicenses 2:13, 14; 2 Corintios 3:3, 6.
[3] Romanos 8:2; Efesios 2:1-5; 2 Timoteo 1:9, 10.
[4] Hechos 26:18; 1 Corintios 2:10, 12; Efesios 1:17, 18.
[5] Ezequiel 36:26.
[6] Ezequiel 11:19; Filipenses 2:13; Deuteronomio 30:6; Ezequiel 36:27.
[7] Efesios 1:19; Juan 6:44, 45.
[8] Cantares 1:4; Salmos 110:3; Juan 6:37; Romanos 6:16-18.

10.2 Este llamamiento eficaz proviene solamente de la libre y especial gracia de Dios, y no de cualquier otra cosa prevista en el hombre,[1] el cual es enteramente pasivo en ello, hasta que siendo vivificado y renovado por el Espíritu Santo,[2] se le capacita así para responder a ese llamamiento y para abrazar la gracia ofrecida y transmitida en él.[3]

Referencias bíblicas

[1] 2 Timoteo 1:9; Tito 3:4, 5; Romanos 9:11; Efesios 2:4, 5, 8, 9.
[2] 1 Corintios 2:14; Romanos 8:9; Efesios 2:5.
[3] Juan 6:37; Ezequiel 36:27; Juan 5:25.

10.3 Los niños elegidos que mueren en la infancia son regenerados y salvados por Cristo a través del Espíritu,[1] quien obra cuándo, dónde y cómo le agrada.[2] En la misma condición están todas las personas elegidas que sean incapaces de ser llamadas externamente por el ministerio de la Palabra.[3]

Referencias bíblicas

[1] Lucas 18:15, 16; Hechos 2:38, 39; Juan 3:3, 5; 1 Juan 5:12; Romanos 8:9 (comparados).

[2] Juan 3:8.

[3] 1 Juan 5:12; Hechos 4:12.

10.4 Otros, que no son elegidos, aunque sean llamadas por el ministerio de la Palabra[1] y tengan algunas de las operaciones comunes del Espíritu,[2] nunca vienen verdaderamente a Cristo y, por tanto, no pueden ser salvas.[3] Mucho menos pueden los hombres que no profesan la religión cristiana, ser salvos de alguna otra manera, aun cuando sean diligentes en ajustar sus vidas a la luz de la naturaleza y a la ley de la religión que profesen;[4] y el afirmar y sostener que lo pueden lograr así, es muy pernicioso y detestable.[5]

Referencias bíblicas

[1] Mateo 22:14.

[2] Mateo 7:22; 13:20, 21; Hebreos 6:4, 5.

[3] Juan 6:64-66; 8:24.

[4] Hechos 4:12; Juan 14:6; Efesios 2:12; Juan 4:22; 17:3.

[5] 2 Juan 9-11; 1 Corintios 16:22; Gálatas 1:6-8.

CAPÍTULO 11

De la justificación

11.1 A quienes Dios llama eficazmente, también los justifica gratuitamente,[1] no infundiendo justicia en ellos, sino perdonándoles sus pecados, y contando y aceptando sus personas como justas; no por algo obrado en ellos o hecho por ellos, sino solamente por causa de Cristo; no por imputarles la fe misma, ni el acto de creer, ni ninguna otra obediencia evangélica como su justicia; sino por imputar la obediencia y satisfacción de Cristo a ellos,[2] quienes reciben a Cristo y descansan en Él y en su justicia mediante la fe. Esta fe no la tienen de ellos mismos: es el don de Dios.[3]

Referencias bíblicas

[1] Romanos 8:30; 3:24.
[2] Romanos 4:5-8; 2 Corintios 5:19, 21; Romanos 3:22, 24, 25, 27, 28; Tito 3:5, 7; Efesios 1:7; Jeremías 23:6; 1 Corintios 1:30, 31; Romanos 5:17-19.
[3] Hechos 10:44; Gálatas 2:16; Filipenses 3:9; Hechos 13:38, 39; Efesios 2:7, 8.

11.2 La fe, que de este modo recibe y descansa en Cristo y en su justicia, es el único instrumento de justificación;[1] sin embargo, no está sola en la persona justificada, sino que siempre va acompañada por todas las otras gracias salvadoras, y no es fe muerta, sino que obra por amor.[2]

Referencias bíblicas

[1] Juan 1:12; Romanos 3:28; 5:1.
[2] Santiago 2:17, 22, 26; Gálatas 5:6.

11.3 Cristo, por su obediencia y muerte, saldó totalmente la deuda de todos aquellos que así son justificados, e hizo una adecuada, real y completa satisfacción a la justicia de su Padre, en favor de ellos.[1] Sin embargo, por cuanto Cristo fue dado por el Padre para los justificados,[2] y su obediencia y satisfacción fueron aceptadas en lugar de las de ellos,[3] y ambas gratuitamente, y no por algo que hubiera en los justificados, su justificación es solamente de pura gracia;[4] a fin de que tanto la exacta justicia, como la rica gracia de Dios, puedan ser glorificadas en la justificación de los pecadores.[5]

Referencias bíblicas

[1] Romanos 5:8-10, 19; 1 Timoteo 2:5, 6; Hebreos 10:10, 14; Daniel 9:24, 26; Isaías 53:4-6, 10-12.
[2] Romanos 8:32.
[3] 2 Corintios 5:21; Mateo 3:17; Efesios 5:2.
[4] Romanos 3:24; Efesios 1:7.
[5] Romanos 3:26; Efesios 2:7.

11.4 Dios, desde toda la eternidad, decretó justificar a todos los elegidos;[1] y en el cumplimiento del tiempo, Cristo murió por los pecados de ellos, y resucitó para su justificación.[2] Sin embargo, ellos no son justificados hasta que, a su debido tiempo, el Espíritu Santo realmente les aplica Cristo a ellos.[3]

Referencias bíblicas

[1] Gálatas 3:8; 1 Pedro 1:2, 19, 20; Romanos 8:30.
[2] Gálatas 4:4; 1 Timoteo 2:6; Romanos 4:25.
[3] Colosenses 1:21, 22; Gálatas 2:16; Tito 3:4-7.

11.5 Dios continúa perdonando los pecados de aquellos que son justificados;[1] y aunque ellos nunca pueden caer del estado de justificación,[2] sin embargo pueden, por sus pecados, caer en el desagrado paternal de Dios y no tener la luz de su rostro restaurada sobre ellos hasta que se humillen, confiesen sus pecados, pidan perdón y renueven su fe y su arrepentimiento.[3]

Referencias bíblicas

[1] Mateo 6:12; 1 Juan 1:7, 9; 1 Juan 2:1, 2.
[2] Lucas 22:32; Juan 10:28; Hebreos 10:14.
[3] Salmos 89:31-33; 51:7-12; 32:5; Mateo 26:75; 1 Corintios 11:30, 32; Lucas 1:20.

11.6 La justificación de los creyentes bajo el Antiguo Testamento era, en todos estos respectos, una y la misma que la justificación de los creyentes bajo el Nuevo Testamento.[1]

Referencias bíblicas

[1] Gálatas 3:9, 13, 14; Romanos 4:22-24; Hebreos 13:8.

CAPÍTULO 12

De la adopción

12.1 Dios se digna conceder a todos aquellos que son justificados en y por su único Hijo Jesucristo, que sean partícipes de la gracia de la adopción,[1] por la cual son contados en el número de los hijos de Dios y gozan de sus libertades y privilegios de aquella relación;[2] tienen su Nombre sobre ellos,[3] reciben el Espíritu de adopción;[4] tienen acceso confiadamente al trono de la gracia;[5] están capacitados para clamar: «Abba, Padre»;[6] son compadecidos,[7] protegidos,[8] proveídos,[9] y castigados por Él como por un padre,[10] pero nunca son desechados,[11] sino que son sellados para el día de la redención,[12] y heredan las promesas[13] como herederos de la salvación eterna.[14]

Referencias bíblicas

[1] Efesios 1:5.
[2] Gálatas 4:4, 5; Romanos 8:17; Juan 1:12.
[3] Jeremías 14:9; 2 Corintios 6:18; Apocalipsis 3:12.
[4] Romanos 8:15.
[5] Efesios 3:12; Romanos 5:2.
[6] Gálatas 4:6.
[7] Salmos 103:13.
[8] Proverbios 14:26.
[9] Mateo 6:30, 32; 1 Pedro 5:7.
[10] Hebreos 12:6.
[11] Lamentaciones 3:31.
[12] Efesios 4:30.
[13] Hebreos 6:12.
[14] 1 Pedro 1:3, 4; Hebreos 1:14.

CAPÍTULO 13

De la santificación

13.1 Aquellos que son llamados eficazmente y regenerados, teniendo un nuevo corazón y un nuevo espíritu creado en ellos, son además santificados real y personalmente, a través del poder de la muerte y resurrección de Cristo,[1] por su Palabra y Espíritu morando en ellos.[2] El dominio de todo el cuerpo de pecado es destruido,[3] y las diversas concupiscencias del mismo son más y más debilitadas y mortificadas,[4] y los llamados y regenerados son cada vez más y más fortalecidos y vivificados en todas las gracias salvadoras,[5] para la práctica de la verdadera santidad, sin la cual ningún hombre verá al Señor.[6]

Referencias bíblicas

[1] 1 Corintios 6:11; Hechos 20:32; Filipenses 3:10; Romanos 6:5, 6.
[2] Juan 17:17; Efesios 5:26; 2 Tesalonicenses 2:13.
[3] Romanos 6:6, 14.
[4] Gálatas 5:24; Romanos 8:13.
[5] Colosenses 1:11; Efesios 3:16-19.
[6] 2 Corintios 7:1; Hebreos 12:14.

13.2 Esta santificación se efectúa en toda la persona,[1] aunque es imperfecta en esta vida; aún quedan algunos remanentes de corrupción en todas partes,[2] de donde surge una continua e irreconciliable batalla: los deseos de la carne contra el Espíritu, y el Espíritu contra la carne.[3]

Referencias bíblicas

[1] 1 Tesalonicenses 5:23.
[2] 1 Juan 1:10; Romanos 7:18, 23; Filipenses 3:12.
[3] Gálatas 5:17; 1 Pedro 2:11.

13.3 En dicha batalla, aunque la corrupción que aún queda puede prevalecer mucho por algún tiempo,[1] la parte regenerada triunfa[2] mediante el continuo suministro de fuerza de parte del Espíritu santificador de Cristo; y así crecen los santos en gracia,[3] perfeccionando la santidad en el temor de Dios.[4]

Referencias bíblicas

[1] Romanos 7:23.
[2] Romanos 6:14; 1 Juan 5:4; Efesios 4:15, 16.
[3] 2 Pedro 3:18; 2 Corintios 3:18.
[4] 2 Corintios 7:1.

CAPÍTULO 14

De la fe salvadora

14.1 La gracia de la fe, por la cual los elegidos son capacitados para creer para la salvación de sus almas,[1] es la obra del Espíritu de Cristo en el corazón de ellos[2] y, ordinariamente, se lleva a cabo por el ministerio de la Palabra,[3] mediante el cual, y también por la administración de los sacramentos y por la oración, la gracia de la fe es incrementada y fortalecida.[4]

Referencias bíblicas

[1] Hebreos 10:39.
[2] 2 Corintios 4:13; Efesios 1:17-19; 2:8.
[3] Romanos 10:14, 17.
[4] 1 Pedro 2:2; Hechos 20:32; Romanos 4:11; Lucas 17:5; Romanos 1:16, 17.

14.2 Por esta fe, el cristiano cree que es verdadero todo lo revelado en la Palabra, por la autoridad de Dios mismo hablando en ella;[1] y actúa de manera diferente sobre el contenido de cada pasaje en particular, dando obediencia a los mandamientos,[2] temblando ante las amenazas,[3] y abrazando las promesas de Dios para esta vida y para la venidera.[4] Pero los principales actos de la fe salvadora son: aceptar, recibir y descansar solo en Cristo para la justificación, santificación y vida eterna, por virtud del pacto de gracia.[5]

Referencias bíblicas

[1] Juan 4:42; 1 Tesalonicenses 2:13; 1 Juan 5:10; Hechos 24:11.
[2] Romanos 16:26.
[3] Isaías 66:2.
[4] Hebreos 11:13; 1 Timoteo 4:8.
[5] Juan 1:12; Hechos 16:31; Gálatas 2:20; Hechos 15:11.

14.3 Esta fe es diferente en grados. Puede ser débil y fuerte;[1] puede ser atacada y debilitada frecuentemente y de muchas maneras, pero obtiene la victoria;[2] y crece en muchos hasta la obtención de una completa seguridad por medio de Cristo, [3] quien es el Autor y el Consumador de nuestra fe.[4]

Referencias bíblicas

[1] Hebreos 5:13, 14; Romanos 4:19, 20; Mateo 6:30; 8:10.
[2] Lucas 22:31, 32; Efesios 6:16; 1 Juan 5:4, 5.
[3] Hebreos 6:11, 12; 10:22; Colosenses 2:2.
[4] Hebreos 12:2.

CAPÍTULO 15

Del arrepentimiento para vida

15.1 El arrepentimiento para vida es una gracia evangélica,[1] cuya doctrina debe ser predicada por todo ministro del evangelio, tal como aquella de la fe en Cristo.[2]

Referencias bíblicas

[1] Zacarías 12:10; Hechos 11:18.
[2] Lucas 24:47; Marcos 1:15; Hechos 20:21.

15.2 Por este arrepentimiento, un pecador, movido no solo por la visión y el sentimiento de peligro, sino también por la inmundicia y odiosidad de sus pecados, como contrarios a la santa naturaleza y la Ley justa de Dios, y sobre la comprensión de la misericordia de Dios en Cristo para aquellos que se arrepienten, el pecador se aflige y odia sus pecados, de manera que se aparta de todos ellos y se vuelve hacia Dios,[1] proponiéndose y esforzándose en caminar con Él en todos los caminos de sus mandamientos.[2]

Referencias bíblicas

[1] Ezequiel 18:30, 31; 36:31; Isaías 30:22; Salmos 51:4; Jeremías 31:18, 19; Joel 2:12, 13; Amós 5:15; Salmos 119:128; 2 Corintios 7:11.
[2] Salmos 119:6, 59, 106; Lucas 1:6; 2 Reyes 23:25.

15.3 Aunque no se debe confiar en el arrepentimiento como si fuera una satisfacción por el pecado o una causa de perdón del mismo,[1] ya que el perdón es un acto de la libre gracia de Dios en Cristo,[2] no obstante, es de tal necesidad para todos los pecadores que ninguno puede esperar perdón sin arrepentimiento.[3]

Referencias bíblicas

[1] Ezequiel 36:31, 32; 16:61-63.
[2] Oseas 14:2, 4; Romanos 3:24; Efesios 1:7.
[3] Lucas 13:3, 5; Hechos 17:30, 31.

15.4 Así como no hay pecado tan pequeño que no merezca la condenación,[1] tampoco hay pecado tan grande que pueda condenar a los que se arrepienten verdaderamente.[2]

Referencias bíblicas

[1] Romanos 6:23; 5:12; Mateo 12:36.
[2] Isaías 55:7; Romanos 8:1; Isaías 1:16, 18.

15.5 Ninguna persona debería contentarse con un arrepentimiento general de sus pecados, sino que es el deber de todo hombre esforzarse en arrepentirse particularmente de cada pecado en particular.[1]

Referencias bíblicas

[1] Salmos 19:13; Lucas 19:8; 1 Timoteo 1:13, 15.

15.6 Es el deber de cada uno confesar privadamente sus pecados a Dios, orando por el perdón de los mismos;[1] así, y apartándose de ellos, hallará misericordia.[2] Del mismo modo, el que escandaliza a su hermano o a la Iglesia de Cristo, debe estar dispuesto a declarar su arrepentimiento a los ofendidos,[3] mediante confesión pública o privada y con dolor por su pecado; y los ofendidos deberán entonces reconciliarse con él y recibirle con amor.[4]

Referencias bíblicas

[1] Salmos 51:4, 5, 7, 9, 14; Salmos 32:5, 6.
[2] Proverbios 28:13; 1 Juan 1:9.
[3] Santiago 5:16; Lucas 17:3, 4; Josué 7:19; Salmos 51:1-19.
[4] 2 Corintios 2:8.

CAPÍTULO 16

De las buenas obras

16.1 Las buenas obras son solamente las que Dios ha ordenado en su santa Palabra,[1] y no las que, sin ninguna autoridad de la Escritura, han elaborado los hombres por un fervor ciego o bajo cualquier pretexto de buena intención.[2]

Referencias bíblicas

[1] Miqueas 6:8; Romanos 12:2; Hebreos 13:21.
[2] Mateo 15:9; Isaías 29:13; 1 Pedro 1:18; Romanos 10:2; Juan 16:2; 1 Samuel 15:21-23.

16.2 Estas buenas obras, hechas en obediencia a los mandamientos de Dios, son los frutos y evidencias de una fe viva y verdadera;[1] y por ellas manifiestan los creyentes su gratitud,[2] fortalecen su seguridad,[3] edifican a sus hermanos,[4] adornan la profesión del Evangelio, [5] tapan la boca de los adversarios[6] y glorifican a Dios,[7] siendo hechura suya, creados en Cristo Jesús para buenas obras,[8] para que llevando su fruto para santidad, tengan como fin la vida eterna.[9]

Referencias bíblicas

[1] Santiago 2:18, 22.
[2] Salmos 116:12, 13; 1 Pedro 2:9.
[3] 1 Juan 2:3, 5; 2 Pedro 1:5-10.
[4] 2 Corintios 9:2; Mateo 5:16.
[5] Tito 2:5, 9-12; 1 Timoteo 6:1.
[6] 1 Pedro 2:15.
[7] 1 Pedro 2:12; Filipenses 1:11; Juan 15:8
[8] Efesios 2:10.
[9] Romanos 6:22.

16.3 La capacidad que tienen los creyentes para hacer buenas obras no es de ellos mismos en ninguna manera, sino completamente del Espíritu de Cristo,[1] y para que ellos sean capacitados para hacer estas cosas, además de las gracias que han recibido, se requiere una influencia real del mismo Espíritu Santo, que obra en ellos tanto el querer como el hacer por su buena voluntad;[2] sin embargo, ellos no deben volverse negligentes, como si no estuvieran obligados a cumplir cualquier deber aparte de un impulso especial del Espíritu, sino que deben ser diligentes en avivar la gracia de Dios que está en ellos.[3]

Referencias bíblicas

[1] Juan 15:4, 5; Ezequiel 36:26, 27.
[2] Filipenses 2:13; 4:13; 2 Corintios 3:5.
[3] Filipenses 2:12; Hebreos 6:11, 12; 2 Pedro 1:3, 5, 10, 11; Isaías 64:7; 2 Timoteo 1:6; Hechos 26:6, 7; Judas 20, 21.

16.4 Quienes por su obediencia alcancen la mayor altura que sea posible en esta vida, quedan tan lejos de ser capaces de la supererogación,* y de hacer más de lo que Dios requiere, ya que se quedan cortos en mucho de lo que en el deber están obligados a hacer.[1]

Referencias bíblicas

[1] Lucas 17:10; Nehemías 13:22; Job 9:2, 3; Gálatas 5:17.

16.5 Nosotros no podemos, por nuestras mejores obras, merecer el perdón del pecado o la vida eterna de la mano de Dios, a causa de la gran desproporción que existe entre nuestras obras y la gloria que ha

* Nota editorial: *Supererogación* se refiere a las obras que son realizadas más allá del deber, o en este caso, más allá de lo que la ley de Dios requiere. El pastor y teólogo escocés David Dickson (1583-1663), al comentar la Confesión de Fe de Westminster, enseñó lo siguiente a los estudiantes de la universidad de Edimburgo: «Pues bien, ¿no se equivocan los papistas que sostienen que un hombre regenerado no sólo puede cumplir perfectamente la ley de Dios, sino que también puede hacer más bien de lo que la ley de Dios requiere de él? Esta es su loca fantasía de las obras de supererogación. Sí [los papistas se equivocan]».

Una de las razones que Dickson da para refutar la doctrina de la supererogación, en su contexto católico romano, es «porque ningún hombre viviente puede cumplir la ley de Dios (Salmos 143:2, Isaías 64:6, 1 Juan 1:8). Mucho menos puede cualquier hombre hacer más de lo que la ley requiere». David Dickson, *Truth's Victory Over Error* (Edinburgh: Banner of Truth Trust, 2007), 102-103.

Juan Calvino (1509-64) se opuso a esta doctrina cuando es considerada en relación con la salvación del hombre, tal como lo indicó en la *Institución de la religión cristiana* (III. 14.13-18), como también en su libro *La necesidad de reformar la Iglesia*.

de venir, y por la distancia infinita que hay entre nosotros y Dios, a quien por dichas obras no podemos beneficiar ni satisfacer la deuda de nuestros pecados anteriores;[1] pero cuando hayamos hecho todo lo que podíamos hacer, solo habremos cumplido con nuestro deber, y seremos siervos inútiles;[2] esto es, porque en la medida que sean buenas, estas obras proceden de su Espíritu,[3] y en cuanto las hacemos nosotros, están manchadas y contaminadas con tanta debilidad e imperfección que no pueden soportar la severidad del juicio de Dios.[4]

Referencias bíblicas

[1] Romanos 3:20; Romanos 4:2, 4, 6; Efesios 2:8, 9; Tito 3:5-7; Romanos 8:18; Salmos 16:2; Job 22:2, 3; Job 35:7, 8.

[2] Lucas 17:10.

[3] Gálatas 5:22, 23.

[4] Isaías 64:6; Gálatas 5:17; Romanos 7:15, 18; Salmos 143:2; 130:3.

16.6 Sin embargo, debido a que los creyentes son aceptados por medio de Cristo, sus buenas obras también son aceptadas en Él;[1] no como si fueran en esta vida enteramente irreprochables e irreprensibles a la vista de Dios,[2] sino porque Él, mirándolas en su Hijo, se place en aceptar y recompensar lo que es sincero, aun cuando esté acompañado de muchas debilidades e imperfecciones.[3]

Referencias bíblicas

[1] Efesios 1:6; 1 Pedro 2:5; Éxodo 28:38; Génesis 4:4 con Hebreos 11:4.

[2] Job 9:20; Salmos 143:2.

[3] Hebreos 13:20, 21; 2 Corintios 8:12; Hebreos 6:10; Mateo 25:21, 23.

16.7 Las obras hechas por hombres no regenerados, aun cuando por la materia de ellas puedan ser cosas que Dios ordena, y sean de buen uso tanto para ellos como para otros,[1] sin embargo, porque no proceden de un corazón purificado por la fe,[2] ni son hechas de la manera correcta según la Palabra,[3] ni para un fin correcto —la gloria de Dios[4]—, esas obras son por lo tanto pecaminosas y no pueden agradar a Dios ni hacer a un hombre apto para recibir la gracia de Dios.[5] Y a pesar de esto, el descuido de las buenas obras por parte de los no regenerados es más pecaminoso y desagradable delante de Dios.[6]

Referencias bíblicas

[1] 2 Reyes 10:30, 31; 1 Reyes 21:27, 29; Filipenses 1:15, 16, 18.

[2] Génesis 4:5 con Hebreos 11:4; Hebreos 11:6

[3] 1 Corintios 13:3; Isaías 1:12.

[4] Mateo 6:2, 5, 16.

[5] Hageo 2:14; Tito 1:15; Amós 5:21, 22; Oseas 1:4; Romanos 9:16; Tito 3:5.

[6] Salmos 14:4; Salmos 36:3; Job 21:14, 15; Mateo 25:41-43, 45; Mateo 23:23.

CAPÍTULO 17

De la perseverancia de los santos

17.1 Aquellos a quienes Dios ha aceptado en su Amado, y que han sido llamados eficazmente y santificados por su Espíritu, no pueden caer ni total ni definitivamente del estado de gracia, sino que ciertamente han de perseverar en el mismo hasta el fin, y serán salvos eternamente.[1]

Referencias bíblicas

[1] Filipenses 1:6; 2 Pedro 1:10; Juan 10:28, 29; 1 Juan 3:9; 1 Pedro 1:5, 9.

17.2 Esta perseverancia de los santos no depende de su propio libre albedrío, sino de la inmutabilidad del decreto de elección, que fluye del amor gratuito e inmutable de Dios el Padre;[1] de la eficacia del mérito y de la intercesión de Jesucristo;[2] de la morada del Espíritu, y de la simiente de Dios dentro de ellos;[3] y de la naturaleza del pacto de gracia,[4] de todo lo cual surge también la certeza y la infalibilidad de la perseverancia.[5]

Referencias bíblicas

[1] 2 Timoteo 2:18, 19; Jeremías 31:3.
[2] Hebreos 10:10, 14; Hebreos 13:20, 21; Hebreos 9:12-15; Romanos 8:33-39; Juan 17:11, 24; Lucas 22:32; Hebreos 7:25.
[3] Juan 14:16, 17; 1 Juan 2:27; 1 Juan 3:9.
[4] Jeremías 32:40.
[5] Juan 10:28; 2 Tesalonicenses 3:3; 1 Juan 2:19.

17.3 Sin embargo, es posible que los creyentes, a través de las tentaciones de Satanás y del mundo, por la prevalencia de la corrupción que queda en ellos, y por el descuido de los medios para su preservación, caigan en pecados graves;[1] y por algún tiempo permanezcan en ellos;[2] por lo cual incurren en el desagrado de Dios;[3] y contristan su Espíritu Santo;[4] llegan a ser, en alguna medida, privados de sus gracias y consuelos;[5] tienen sus corazones endurecidos;[6] sus conciencias heridas;[7] lastiman y escandalizan a otros,[8] y traen sobre ellos mismos juicios temporales.[9]

Referencias bíblicas

[1] Mateo 26:70, 72, 74.
[2] Salmo 51, título y versículo 14.
[3] Isaías 64:5, 7, 9; 2 Samuel 11:27.
[4] Efesios 4:30.
[5] Salmos 51:8, 10, 12; Apocalipsis 2:4; Cantares 5:2-4, 6.
[6] Isaías 63:17; Marcos 6:52; 16:14.
[7] Salmos 32:3, 4; Salmos 51:8.
[8] 2 Samuel 12:14.
[9] Salmos 89:31, 32; 1 Corintios 11:32.

CAPÍTULO 18

De la seguridad de la gracia y de la salvación

18.1 Aunque los hipócritas y otros hombres no regenerados pueden vanamente engañarse a sí mismos con esperanzas falsas y presunciones carnales de estar en el favor de Dios y en el estado de salvación,[1] esa esperanza perecerá;[2] pero los que creen verdaderamente en el Señor Jesús y le aman con sinceridad, esforzándose por andar con toda buena conciencia delante de Él, pueden, en esta vida, estar ciertamente seguros de que se hallan en el estado de gracia[3] y pueden regocijarse en la esperanza de la gloria de Dios; y tal esperanza nunca los avergonzará.[4]

Referencias bíblicas

[1] Job 8:13, 14; Miqueas 3:11; Deuteronomio 29:19; Juan 8:41.
[2] Mateo 7:22, 23.
[3] 1 Juan 2:3; 3:14, 18, 19, 21, 24; 1 Juan 5:13.
[4] Romanos 5:2, 5.

18.2 Esta certeza no es una mera persuasión conjetural y probable, fundada sobre una esperanza falible,[1] sino que es una seguridad infalible de fe, basada en la verdad divina de las promesas de salvación,[2] en la evidencia interna de aquellas gracias a las cuales estas promesas son hechas,[3] y en el testimonio del Espíritu de adopción testificando a nuestro espíritu que somos hijos de Dios.[4] El Espíritu Santo es la garantía de nuestra herencia y por Él somos sellados hasta el día de la redención.[5]

Referencias bíblicas

[1] Hebreos 6:11, 19.
[2] Hebreos 6:17, 18.
[3] 2 Pedro 1:4, 5, 10, 11; 1 Juan 2:3; 1 Juan 3:14; 2 Corintios 1:12.
[4] Romanos 8:15, 16.
[5] Efesios 1:13, 14; 4:30; 2 Corintios 1:21, 22.

18.3 Esta seguridad infalible no pertenece a la esencia de la fe, de modo que un verdadero creyente puede esperar mucho tiempo y luchar con muchas dificultades antes de ser partícipe de esta seguridad;[1] sin embargo, estando capacitado por el Espíritu Santo para conocer las cosas que le son dadas gratuitamente por Dios, él puede alcanzarla, por el uso correcto de los medios ordinarios, sin una revelación extraordinaria;[2] y por lo tanto, es el deber de cada uno ser diligente para asegurar su llamamiento y elección;[3] para que su corazón se ensanche de paz y gozo en el Espíritu Santo, en amor y gratitud a Dios, y en la fuerza y alegría en los deberes de la obediencia, que son los frutos propios de esta seguridad.[4] Así, esta seguridad está muy lejos de inducir a los hombres a la negligencia.[5]

Referencias bíblicas

[1] 1 Juan 5:13; Isaías 50:10; Marcos 9:24; Salmos 88:1-18; Salmos 77:1-12.
[2] 1 Corintios 2:12; 1 Juan 4:13; Hebreos 6:11, 12; Efesios 3:17-19.
[3] 2 Pedro 1:10.
[4] Romanos 5:1, 2, 5; Romanos 14:17; Romanos 15:13; Efesios 1:3, 4; Salmos 4:6, 7; Salmos 119:32.
[5] 1 Juan 2:1, 2; Romanos 6:1, 2; Tito 2:11, 12, 14; 2 Corintios 7:1; Romanos 8:1, 12; 1 Juan 3:2, 3; 130:4; 1 Juan 1:6, 7.

18.4 La seguridad de la salvación de los verdaderos creyentes puede ser, de diversas maneras, sacudida, disminuida e interrumpida por la negligencia en preservarla, por caer en algún pecado especial que hiera la conciencia y contriste el Espíritu, por alguna tentación repentina o vehemente, por retirarles Dios la luz de su rostro, permitiendo, aun a los que le temen,[1] que caminen en tinieblas y no tengan luz. Sin embargo, los verdaderos creyentes nunca quedan totalmente destituidos de aquella simiente de Dios y de la vida de fe, de aquel amor de Cristo y de los hermanos, de aquella sinceridad de corazón y conciencia del deber. De la cual, mediante la operación del Espíritu, esta seguridad puede ser revivida en su debido tiempo;[2] y así, mientras tanto, los verdaderos creyentes son sostenidos para no caer en total desesperación.[3]

Referencias bíblicas

[1] Cantares 5:2, 3, 6; Salmos 51:8, 12, 14; Efesios 4:30, 31; Salmos 77:1-10; Mateo 26:69-72; Salmos 31:22; Salmos 88:1-18; Isaías 50:10.
[2] 1 Juan 3:9; Lucas 22:32; Job 13:15; Salmos 73:15; Salmos 51:8, 12; Isaías 50:10.
[3] Miqueas 7:7-9; Jeremías 32:40; Isaías 54:7-10; Salmos 22:1; Salmos 88:1-18.

CAPÍTULO 19

De la Ley de Dios

19.1 Dios le dio a Adán una ley, como un pacto de obras, por la cual le comprometía a él y a toda su posteridad, a una obediencia personal, completa, exacta y perpetua; le prometió la vida por el cumplimiento de esa ley, y le amenazó con la muerte si la infringía; y lo dotó del poder y la capacidad para guardarla.[1]

Referencias bíblicas

[1] Génesis 1:26, 27 con 2:17; Romanos 2:14, 15; Romanos 10:5; Romanos 5:12, 19; Gálatas 3:10, 12; Eclesiastés 7:29; Job 28:28.

19.2 Esta ley, después de la caída de Adán, continuó siendo una regla perfecta de justicia; y como tal fue dada por Dios en el monte Sinaí, en diez mandamientos, y escrita en dos tablas;[1] los cuatro primeros mandamientos contienen nuestro deber para con Dios, y los otros seis, nuestro deber para con el hombre.[2]

Referencias bíblicas

[1] Santiago 1:25; Santiago 2:8, 10-12; Romanos 13:8, 9; Deuteronomio 5:32; Deuteronomio 10:4; Éxodo 34:1.

[2] Mateo 22:37-40.

19.3 Además de esta ley, comúnmente llamada Ley moral, agradó a Dios dar al pueblo de Israel, como una iglesia menor de edad, leyes ceremoniales que contenían varias ordenanzas típicas; en parte de adoración —prefigurando a Cristo, sus gracias, acciones, sufrimientos y beneficios[1]— y en parte expresando diversas instrucciones acerca de los deberes morales.[2] Todas aquellas leyes ceremoniales están ahora abrogadas bajo el Nuevo Testamento.[3]

Referencias bíblicas

[1] Hebreos 9; Hebreos 10:1; Gálatas 4:1-3; Colosenses 2:17.

[2] 1 Corintios 5:7; 2 Corintios 6:17; Judas 23.

[3] Colosenses 2:14, 16, 17; Daniel 9:27; Efesios 2:15, 16.

19.4 A los israelitas, en cuanto a cuerpo político, también les dio varias leyes judiciales, que expiraron juntamente con el estado de aquel pueblo. Por lo tanto, ahora no obligan a ningún otro pueblo, más allá de lo que la equidad general de la misma pueda requerir.[1]

Referencias bíblicas

[1] Éxodo 21:1-36; 22:1-29; Génesis 49:10 con 1 Pedro 2:13, 14; Mateo 5:17 con los versículos 38-39; 1 Corintios 9:8-10.

19.5 La Ley moral obliga a todos a obedecerla para siempre,[1] tanto a los justificados como a los que no lo están; y esto no solo en consideración de su contenido, sino también por causa de la autoridad de Dios, el Creador, que la dio.[2] Tampoco Cristo, en el Evangelio, de ninguna manera disuelve, sino que en gran manera fortalece esta obligación.[3]

Referencias bíblicas

[1] Romanos 13:8-10; Efesios 6:2; 1 Juan 2:3, 4, 7, 8.
[2] Santiago 2:10, 11.
[3] Mateo 5:17-19; Santiago 2:8; Romanos 3:31.

19.6 Aunque los verdaderos creyentes no están bajo la Ley como un pacto de obras para ser justificados o condenados,[1] sin embargo, esta es de gran utilidad tanto para ellos como para otros, ya que como regla de vida les informa de la voluntad de Dios y de sus deberes, los dirige y obliga a andar en conformidad con ella,[2] les descubre también la pecaminosa contaminación de su propia naturaleza, corazón y vida;[3] de tal manera, que cuando ellos se examinan ante ella, pueden llegar a una convicción más profunda de su pecado, a sentir humillación por el mismo y odio hacia su pecado;[4] junto con una visión más clara de la necesidad que tienen de Cristo, y de la perfección de su obediencia.[5] También la Ley moral es útil para los regenerados a fin de restringir su corrupción, puesto que prohíbe el pecado,[6] y sus amenazas sirven para mostrar lo que merecen aún sus pecados y qué aflicciones pueden esperar por ellos en esta vida, aun cuando estén libres de la maldición con que les amenaza la Ley.[7] Las promesas de la Ley, de un modo semejante, les muestran a los regenerados la aprobación de Dios de la obediencia, y cuáles son las bendiciones que deben esperar por el cumplimiento de la misma;[8] aunque no como si la Ley se los debiera, como un pacto de obras;[9] de manera que si una persona hace lo bueno y deja de hacer lo malo porque la Ley le alienta a lo uno y le prohíbe lo otro, aquello no es evidencia de que la persona está bajo la Ley y no bajo la gracia.[10]

Referencias bíblicas

[1] Romanos 6:14; Gálatas 2:16; 3:13; 4:4, 5; Hechos 13:39; Romanos 8:1.
[2] Romanos 7:12, 22, 25; Salmos 119:4-6; 1 Corintios 7:19; Gálatas 5:14, 16, 18-23.
[3] Romanos 7:7; 3:20.
[4] Santiago 1:23-25; Romanos 7:9, 14, 24.
[5] Gálatas 3:24; Romanos 7:24, 25; 8:3, 4.
[6] Santiago 2:11; Salmos 119:101, 104, 128.
[7] Esdras 9:13, 14; Salmos 89:30-34.
[8] Levítico 26:1-14 con 2 Corintios 6:16; Efesios 6:2, 3; Salmos 37:11 con Mateo 5:5; Salmos 19:11.
[9] Gálatas 2:16; Lucas 17:10.
[10] Romanos 6:12, 14; 1 Pedro 3:8-12 con Salmos 34:12-16; Hebreos 12:28, 29.

19.7 Los usos de la Ley ya mencionados no son contrarios a la gracia del Evangelio, sino que concuerdan armoniosamente con él;[1] pues el Espíritu de Cristo subyuga y capacita la voluntad del hombre para que haga, libre y alegremente, lo que la voluntad de Dios revelada en la Ley requiere que se haga.[2]

Referencias bíblicas

[1] Gálatas 3:21.
[2] Ezequiel 36:27; Hebreos 8:10 con Jeremías 31:33.

CAPÍTULO 20

De la libertad cristiana y de la libertad de conciencia

20.1 La libertad que Cristo ha comprado para los creyentes bajo el Evangelio consiste en su libertad de la culpa del pecado, de la ira condenatoria de Dios y de la maldición de la Ley moral;[1] y en ser liberados del presente mundo malvado, de la servidumbre de Satanás y del dominio del pecado;[2] del mal de las aflicciones, del aguijón de la muerte, de la victoria de la tumba y de la condenación eterna;[3] y también consiste en su libre acceso a Dios,[4] y en rendirle obediencia, no por temor servil, sino con un amor filial y una mente dispuesta.[5] Todo esto era común también a los creyentes que estaban bajo la Ley.[6] Pero, en el Nuevo Testamento, la libertad de los cristianos se ensancha mucho más porque están libres del yugo de la Ley ceremonial a la que estaba sujeta la iglesia judía,[7] y tienen ahora mayor confianza para acercarse al trono de la gracia,[8] en comunicaciones más completas del libre Espíritu de Dios que de las que ordinariamente participaron los creyentes que estaban bajo la Ley.[9]

Referencias bíblicas

[1] Tito 2:14; 1 Tesalonicenses 1:10; Gálatas 3:13.
[2] Gálatas 1:4; Colosenses 1:13; Hechos 26:18; Romanos 6:14.
[3] Romanos 8:28; Salmos 119:71; 1 Corintios 15:54-57; Romanos 8:1.
[4] Romanos 5:1, 2.
[5] Romanos 8:14, 15; 1 Juan 4:18.
[6] Gálatas 3:9, 14.
[7] Gálatas 4:1-3, 6, 7; Gálatas 5:1; Hechos 15:10, 11.
[8] Hebreos 4:14, 16; Hebreos 10:19-22.
[9] Juan 7:38, 39; 2 Corintios 3:13, 17, 18.

20.2 Solo Dios es el Señor de la conciencia,[1] y la ha dejado libre de los mandamientos y doctrinas de hombres que sean en alguna forma contrarios a su Palabra, o añadidos a ella, en asuntos de fe o de adoración.[2] Por lo tanto, creer u obedecer de conciencia tales doctrinas o mandamientos, es traicionar la verdadera libertad de conciencia;[3] y el requerir una fe implícita y una obediencia ciega y absoluta, es destruir la libertad de conciencia[4] y también la razón.

Referencias bíblicas

[1] Santiago 4:12; Romanos 14:4.

[2] Hechos 4:19; 5:29; 1 Corintios 7:23; Mateo 23:8-10; 2 Corintios 1:24; Mateo 15:9.

[3] Colosenses 2:20, 22, 23; Gálatas 1:10; 2:4, 5; 5:1.

[4] Romanos 10:17; 14:23; Isaías 8:20; Hechos 17:11; Juan 4:22; Oseas 5:11; Apocalipsis 13:12, 16, 17; Jeremías 8:9.

20.3 Aquellos que bajo el pretexto de la libertad cristiana practican algún pecado o abrigan alguna concupiscencia, destruyen de este modo el fin de la libertad cristiana, que consiste en que siendo librados de las manos de nuestros enemigos, podamos servir al Señor sin temor, en santidad y justicia delante de Él, todos los días de nuestra vida.[1]

Referencias bíblicas

[1] Gálatas 5:13; 1 Pedro 2:16; 2 Pedro 2:19; Juan 8:34; Lucas 1:74, 75.

20.4 Y puesto que los poderes que Dios ha ordenado y la libertad que Cristo ha comprado no han sido destinados por Dios para destruirse, sino para preservarse y sostenerse mutuamente; los que bajo el pretexto de la libertad cristiana quieran oponerse a cualquier poder legal, o al lícito ejercicio de ella —sea civil o eclesiástico—, resisten a la ordenanza de Dios.[1] A quienes publican tales opiniones, o mantienen tales prácticas, que son contrarias a la luz de la naturaleza, o a los principios conocidos del cristianismo, ya sea que se refieran a la fe, a la adoración o a la conducta, o al poder de la piedad, o a tales opiniones o prácticas erróneas, ya sea en su propia naturaleza o en la manera como las publican o las sostienen, son destructores de la paz externa y el orden que Cristo ha establecido en la Iglesia, a ellos se les puede llamar legalmente a rendir cuentas y procesar contra ellos por las censuras de la iglesia[2] [y por el poder de los gobernantes civiles].[3] *

* La Asamblea General de 1788 de la Iglesia Presbiteriana de EE.UU. omitió la frase final del párrafo 4, que dice: «y por el poder de los gobernantes civiles».

Referencias bíblicas

[1] Mateo 12:25; 1 Pedro 2:13, 14, 16; Romanos 13:1-8; Hebreos 13:17.

[2] Romanos 1:32 con 1 Corintios 5:1, 5, 11, 13; 2 Juan 10, 11, 2 Tesalonicenses 3:14 y 1 Timoteo 6:3-5; Tito 1:10, 11, 13, y Tito 3:10 con Mateo 18:15-17; 1 Timoteo 1:19, 20; Apocalipsis 2:2, 14, 15, 20; 3:9.

[3] Deuteronomio 13:6-12; Romanos 13:3, 4, con 2 Juan 10, 11; Esdras 7:23, 25-28; Apocalipsis 17:12, 16, 17; Nehemías 13:15, 17, 21, 22, 25, 30; 2 Reyes 23:5, 6, 9, 20, 21; 2 Crónicas 34:33; 2 Crónicas 15:12, 13, 16; Daniel 3:29; 1 Timoteo 2:2; Isaías 49:23; Zacarías 13:2, 3.

CAPÍTULO 21

De la adoración religiosa y del día de reposo

21.1 La luz de la naturaleza muestra que hay un Dios que tiene señorío y soberanía sobre todo; es bueno y hace bien a todos; y que, por tanto, debe ser temido, amado, alabado, invocado, en quien se confíe y sea servido con toda el alma, con todo el corazón y con todas las fuerzas.[1] Pero el modo aceptable de adorar al verdadero Dios ha sido instituido por Él mismo, y está tan limitado por su propia voluntad revelada, que no se debe adorar a Dios conforme a las imaginaciones e invenciones de los hombres o a las sugerencias de Satanás, bajo ninguna representación visible o en ningún otro modo no prescrito en la Santa Escritura.[2]

Referencias bíblicas

[1] Romanos 1:20; Hechos 17:24; Salmos 119:68; Jeremías 10:7; Salmos 31:23; 18:3; Romanos 10:12; Salmos 62:8; Josué 24:14; Marcos 12:33.

[2] Deuteronomio 12:32; Mateo 15:9 ; Hechos 17:25; Mateo 4:9, 10; Deuteronomio 4:15-20; Éxodo 20:4-6; Colosenses 2:23.

21.2 La adoración religiosa debe ser dada a Dios, el Padre, Hijo y Espíritu Santo, y solamente a Él:[1] no a los ángeles, ni a los santos, ni a ninguna otra criatura;[2] y desde la Caída, la adoración no debe ser dada excepto a traves de un Mediador, y no por la mediación de algún otro, sino solamente por la mediación de Cristo.[3]

Referencias bíblicas

[1] Mateo 4:10 con Juan 5:23, y 2 Corintios 13:14.

[2] Colosenses 2:18; Apocalipsis 19:10; Romanos 1:25.

[3] Juan 14:6; 1 Timoteo 2:5; Efesios 2:18; Colosenses 3:17.

21.3 Siendo la oración, con acción de gracias, una parte especial de la adoración religiosa,[1] es requerida, por Dios, de todas las personas;[2] y para que pueda ser aceptada debe hacerse en el nombre del Hijo,[3] por la ayuda del Espíritu,[4] de acuerdo a su voluntad,[5] con entendimiento, reverencia, humildad, fervor, fe, amor y perseverancia;[6] y si se hace oralmente, debe ser en un idioma conocido.[7]

Referencias bíblicas

[1] Filipenses 4:6.
[2] Salmos 65:2.
[3] Juan 14: 13, 14; 1 Pedro 2:5.
[4] Romanos 8:26.
[5] 1 Juan 5:14.
[6] Salmos 47:7; Eclesiastés 5:1, 2; Hebreos 12:28; Génesis 18:27; Santiago 5: 16; 1:6, 7; Marcos 11:24; Mateo 6:12, 14, 15; Colosenses 4:2. Efesios 6:18
[7] 1 Corintios 14:14.

21.4 La oración ha de hacerse por cosas lícitas,[1] y por todo tipo de personas que viven o que vivirán más adelante;[2] pero no a favor de los muertos[3] ni de aquellos de quienes se pueda saber que hayan cometido el pecado de muerte.[4]

Referencias bíblicas

[1] 1 Juan 5:14.
[2] 1 Timoteo 2:1, 2; Juan 17:20; 2 Samuel 7:29; Rut 4:12.
[3] 2 Samuel 12:21-23 con Lucas 16:25, 26; Apocalipsis 14:13.
[4] 1 Juan 5:16.

21.5 La lectura de las Escrituras con temor piadoso;[1] la sana predicación,[2] y el escuchar conscientemente la Palabra, en obediencia a Dios, con entendimiento, fe y reverencia;[3] el cantar salmos con gracia en el corazón, [4] y también la debida administración y la recepción digna de los sacramentos instituidos por Cristo, son todas partes de la adoración religiosa común a Dios;[5] y, además, los juramentos religiosos,[6] los votos,[7] los ayunos solemnes[8] y las acciones de gracias en ocasiones especiales,[9] han de utilizarse, en sus diferentes tiempos y oportunidades, de una manera santa y religiosa.[10]

Referencias bíblicas

[1] Hechos 15:21; Apocalipsis 1:3.
[2] 2 Timoteo 4:2.
[3] Santiago 1:22; Hechos 10:33; Mateo 13:19; Hebreos 4:2; Isaías 66:2.
[4] Colosenses 3:16; Efesios 5:19; Santiago 5:13.
[5] Mateo 28:19; 1 Corintios 11:23-29; Hechos 2:42.
[6] Deuteronomio 6:13 con Nehemías 10:29.
[7] Isaías 19:21; Eclesiastés 5:4, 5.
[8] Joel 2:12; Ester 4:16; Mateo 9:15; 1 Corintios 7:5.

[9] Salmos 107:1-43; Ester 9:22.
[10] Hebreos 12:28.

21.6 Ahora, bajo el Evangelio, ni la oración ni ninguna otra parte de la adoración religiosa están limitadas a un lugar, ni son más aceptables por el lugar en que se efectúen, o hacia el cual se dirijan,[1] sino que Dios ha de ser adorado en todas partes[2] en espíritu y en verdad;[3] tanto en lo privado, en las familias[4] diariamente,[5] como en secreto, cada uno por sí mismo;[6] así como de una manera más solemne en las reuniones públicas, las cuales no han de descuidarse u olvidarse voluntariamente o por negligencia, cuando Dios, por su Palabra o providencia, nos llama a ellas.[7]

Referencias bíblicas

[1] Juan 4:21.
[2] Malaquías 1:11; 1 Timoteo 2:8.
[3] Juan 4:23, 24.
[4] Jeremías 10:25; Deuteronomio 6:6, 7; Job 1:5; 2 Samuel 6:18, 20; 1 Pedro 3:7; Hechos 10:2.
[5] Mateo 6:11.
[6] Mateo 6:6; Efesios 6:18.
[7] Isaías 56:6, 7; Hebreos 10:25; Proverbios 1:20, 21, 24; 8:34; Hechos 13:42; Lucas 4:16; Hechos 2:42.

21.7 Así como es la ley de la naturaleza que, en general, una proporción debida de tiempo sea apartada para la adoración de Dios, así también en su Palabra, por un mandamiento positivo, moral y perpetuo que obliga a todos los hombres en todos los tiempos, Dios ha señalado particularmente un día de cada siete para que sea guardado como un reposo santo para Él.[1] Desde el principio del mundo hasta la resurrección de Cristo, este día fue el último de la semana; y desde la resurrección de Cristo fue cambiado al primer día de la semana,[2] que en la Escritura recibe el nombre de día del Señor[3] y debe ser perpetuado hasta el fin del mundo como el Sábado cristiano.[4] *

* Nota editorial: el Sábado cristiano, o el día del Señor, es un día de reposo santo, de adoración y servicio que es observado durante el primer día de la semana, es decir, el día domingo.

Referencias bíblicas

[1] Éxodo 20:8, 10, 11; Isaías 56:2, 4, 6, 7.
[2] Génesis 2:2, 3; 1 Corintios 16:1, 2; Hechos 20:7.
[3] Apocalipsis 1:10.
[4] Éxodo 20:8, 10; Mateo 5:17, 18.

21.8 Este Sábado cristiano* se guarda santo para el Señor cuando los hombres, después de la debida preparación de sus corazones y arreglando con anticipación sus asuntos comunes, no solamente observan un descanso santo de sus propias labores, palabras y pensamientos, acerca de sus empleos y recreaciones seculares[1] durante todo el día, sino que también dedican todo el tiempo al ejercicio de la adoración pública y privada, y en los deberes de necesidad y de misericordia.[2]

Referencias bíblicas

[1] Éxodo 20:8; 16:23, 25, 26, 29, 30; 31:15-17; Isaías 58:13; Nehemías 13:15-17; 18-22.
[2] Isaías 58:13; Mateo 12:1-13.

* Ver nota anterior.

CAPÍTULO 22

De los juramentos y de los votos lícitos

22.1 Un juramento lícito es una parte de la adoración religiosa[1] mediante la cual, una persona, en una ocasión debida, al jurar solemnemente invoca a Dios como testigo de lo que afirma o promete, y para juzgarlo conforme a la verdad o a la falsedad de lo que jura.[2]

Referencias bíblicas

[1] Deuteronomio 10:20.
[2] Éxodo 20:7; Levítico 19:12; 2 Corintios 1:23; 2 Crónicas 6:22, 23.

22.2 Solo se debe jurar por el nombre de Dios, utilizándolo con santo temor y reverencia;[1] y por consiguiente, el jurar de modo vano o apresurado por ese Nombre glorioso y terrible, o simplemente el jurar por cualquier otra cosa, es pecaminoso y debe aborrecerse.[2] Sin embargo, como en asuntos de peso y de importancia, el juramento está justificado por la Palabra de Dios, tanto en el Nuevo Testamento como en el Antiguo,[3] por eso, cuando una autoridad legítima exija un juramento legal para tales asuntos, este juramento debe hacerse.[4]

Referencias bíblicas

[1] Deuteronomio 6:13.
[2] Éxodo 20:7; Jeremías 5:7; Mateo 5:34, 37; Santiago 5:12.
[3] Hebreos 6:16; 2 Corintios 1:23; Isaías 65:16;.
[4] 1 Reyes 8:31; Nehemías 13:25; Esdras 10:5.

22.3 Todo aquel que hace un juramento debe considerar debidamente el peso de un acto tan solemne y, por tanto, no afirmar sino aquello de lo cual está plenamente persuadido que es la verdad.[1] Y tampoco puede ningún hombre obligarse por un juramento a cosa alguna, sino aquello que es bueno y justo, y a lo que cree que lo es, y a lo que es capaz y está dispuesto a cumplir.[2] [Sin embargo, es pecado rehusar el juramento tocante a una cosa que sea buena y justa, cuando sea exigido por una autoridad legítima].[3] *

* Nota editorial: la Asamblea de Westminster afirmó esta obligación. A inicios

Referencias bíblicas

[1] Éxodo 20:7; Jeremías 4:2.

[2] Génesis 24:2, 3, 5, 6, 8, 9.

[3] Nehemías 5:12; Números 5:19, 21; Éxodo 22:7-11.

22.4 Un juramento debe hacerse en el sentido claro y común de las palabras, sin equívocos o reservas mentales.[1] Tal juramento no puede obligar a pecar; pero en todo aquello que no sea pecaminoso, una vez hecho, es de obligado cumplimiento, aun cuando sea en perjuicio propio,[2] y no debe violarse aunque se haya hecho a herejes o a infieles.[3]

Referencias bíblicas

[1] Jeremías 4:2; Sal 24:4.

[2] 1 Samuel 25:22, 32-34; Salmos 15:4.

[3] Ezequiel 17:16, 18, 19; Josué 9:18, 19 con 2 Samuel 21:1.

22.5 Un voto es de naturaleza semejante a la del juramento promisorio, y debe hacerse con el mismo cuidado religioso y cumplirse con la misma fidelidad que este.[1]

Referencias bíblicas

[1] Isaías 19:21; Eclesiastés 5:4-6; Salmos 61:8; 66:13, 14.

22.6 El voto no debe hacerse a ninguna criatura, sino solo a Dios,[1] y para que sea acepto ha de hacerse voluntariamente, desde la fe y conciencia del deber, de manera grata por la misericordia recibida, o para obtener aquello que carecemos; y por él nos obligamos a cumplir más estrictamente nuestros deberes necesarios u otras cosas, en cuanto puedan ayudarnos adecuadamente al cumplimiento de las mismas.[2]

Referencias bíblicas

[1] Salmos 76:11; Jeremías 44:25, 26.

[2] Deuteronomio 23:21-23; Salmos 50:14; Génesis 28:20-22; 1 Samuel 1:11; Salmos 66:13, 14; Salmos 132:2-5.

---

del siglo XX, presbiterianos estadounidenses objetaron esta posición y omitieron la última oración del párrafo 3.

22.7 Nadie puede hacer un voto para hacer algo prohibido por la Palabra de Dios, o que impida el cumplimiento de algún deber ordenado en ella; o a lo que no está en su capacidad, y para cuya ejecución no tenga ninguna promesa de ayuda de parte de Dios.[1] Con respecto a estas cosas, los votos monásticos de los papistas de celibato perpetuo, de pobreza profesa y de obediencia regular, están tan lejos de ser grados de perfección superior, que no son sino supersticiones y trampas pecaminosas en las que ningún cristiano debe enredarse.[2]

Referencias bíblicas

[1] Hechos 23:12, 14; Marcos 6:26; Números 30:5, 8, 12, 13.

[2] Mateo 19:11, 12; 1 Corintios 7:2, 9; Efesios 4:28; 1 Pedro 4:2; 1 Corintios 7:23.

CAPÍTULO 23

Del magistrado civil

23.1 Dios, el supremo Señor y Rey de todo el mundo, ha ordenado autoridades civiles para estar bajo Él, sobre el pueblo, para la gloria de Dios y el bien público. Con este fin, Dios les ha armado con el poder de la espada para la defensa y ánimo de los que son buenos, y para el castigo de los malhechores.[1]

Referencias bíblicas

[1] Romanos 13:1-4; 1 Pedro 2:13, 14.

23.2 Es lícito para los cristianos aceptar y ejecutar el oficio de magistrado cuando sean llamados para ello;[1] y en el desempeño de ese oficio, ellos deben mantener especialmente la piedad, la justicia y la paz, según las sanas leyes de cada Estado;[2] así, con ese fin, bajo el Nuevo Testamento, pueden lícitamente hacer la guerra en ocasiones justas y necesarias.[3]

Referencias bíblicas

[1] Proverbios 8:15, 16; Romanos 13:1, 2, 4.

[2] Salmos 2:10-12; 1 Timoteo 2:2; Salmos 82:3, 4; 2 Samuel 23:3; 1 Pedro 2:13.

[3] Lucas 3:14; Romanos 13:4; Mateo 8:9, 10; Hechos 10:1, 2; Apocalipsis 17:14, 16.

23.3 Los gobernantes civiles no deben asumir para sí mismos la administración de la Palabra y de los sacramentos, o el poder de las llaves del Reino de los cielos;[1] sin embargo, tienen autoridad y es su deber hacer lo necesario para que la paz y la unidad se mantengan en la Iglesia, para que la verdad de Dios se preserve pura y entera, para que todas las blasfemias y herejías sean suprimidas, todas las corrupciones y abusos en el culto y la disciplina se vean impedidas o reformadas, y todas las ordenanzas de Dios se establezcan, administren y cumplan[2] debidamente. Y para el mejor cumplimiento de todo ello, tienen la potestad de convocar sínodos, estar presentes en ellos y asegurar que todo lo que en ellos se decida esté conforme con la mente de Dios.[3]

Referencias bíblicas

[1] 2 Crónicas 26:18 con Mateo 18:17 y Mateo 16:19; 1 Corintios 12:28, 29; Efesios 4:11, 12; 1 Corintios 4:1, 2; Romanos 10:15; Hebreos 5:4.

[2] Isaías 49:23; Salmos 122:9; Esdras 7:23, 25-28; Levítico 24:16; Deuteronomio 13:5, 6, 10; 2 Reyes 18:4; 1 Crónicas 13:1-9; 2 Reyes 23:1-26; 2 Crónicas 34:33 y 15:12, 13.

[3] 2 Crónicas 19:8-11; 2 Crónicas capítulos 29 y 30; Mateo 2:4, 5.

* * *

Revisión de 1788

23.3 Los magistrados civiles no deben asumir para sí mismos la administración de la Palabra y los sacramentos, ni el poder de las llaves del Reino de los cielos;[1] ni se entrometerán lo más mínimo en asuntos de fe.[2] Sin embargo, como padres cuidadosos, es deber de los gobernantes civiles proteger la Iglesia de nuestro común Señor, sin dar preferencia a alguna denominación de cristianos sobre los demás, de tal modo que todas las personas eclesiásticas, cualesquiera que sean, gocen de completa, gratuita e incuestionable libertad para desempeñar cada aspecto de sus funciones sagradas, sin violencia ni peligro.[3] Y como Jesucristo ha designado un gobierno regular y una disciplina en su Iglesia, ninguna ley de Estado alguno debe interferir en ella, ni estorbar o limitar los ejercicios debidos entre los miembros voluntarios de alguna denominación de cristianos según su propia profesión y creencia.[4] Es el deber de los magistrados civiles proteger la persona y el buen nombre de todo su pueblo, de modo tan efectivo que no se permita que ninguna persona, bajo pretexto religioso, o por incredulidad, cometa alguna indignidad, violencia, abuso o injuria sobre otra persona cualquiera; debiendo procurar además que todas las reuniones eclesiásticas se lleven a cabo sin molestia ni disturbio.[5]

Referencias bíblicas

[1] 2 Crónicas 26:18 con Mateo 18:17 y 16:19; 1 Corintios 12:28, 29; Efesios 4:11, 12; 1 Corintios 4:1, 2; Romanos 10:15; Hebreos 5:4.

[2] Juan 18:36; Hechos 5:29; Efesios 4:11, 12.

[3] Isaías 49:23; Romanos 13:1-6.

[4] Salmos 105:15.

[5] Romanos 13:4; 1 Timoteo 2:2.

* * *

23.4 Es deber del pueblo orar por los magistrados, [1] honrar sus personas,[2] pagarles tributos y otros derechos,[3] obedecer sus mandamientos legales y estar sujetos a su autoridad por causa de la conciencia.[4] La infidelidad o la diferencia de religión no invalida la autoridad legal y justa del magistrado, ni exime al pueblo de la debida obediencia a él,[5] de la cual las personas eclesiásticas no están exentas;[6] ni mucho menos posee el papa algún poder o jurisdicción sobre los magistrados en sus dominios, ni sobre alguno de los de su pueblo; y menos aún tiene poder para privarlos de sus dominios o sus vidas, ya sea si los juzga como herejes, o bajo cualquier otro pretexto.[7]

Referencias bíblicas

[1] 1 Timoteo 2:1, 2.
[2] 1 Pedro 2:17.
[3] Romanos 13:6, 7.
[4] Romanos 13:5; Tito 3:1.
[5] 1 Pedro 2:13, 14, 16.
[6] Romanos 13:1; 1 Reyes 2:35; Hechos 25:9-11; 2 Pedro 2:1, 10, 11; Judas 8-11.
[7] 2 Tesalonicenses 2:4; Apocalipsis 13:15-17.

CAPÍTULO 24

Del matrimonio y del divorcio

24.1 El matrimonio ha de ser entre un hombre y una mujer; no es lícito para ningún hombre tener más de una esposa, ni para ninguna mujer tener más de un marido, al mismo tiempo.[1]

Referencias bíblicas

[1] Génesis 2:24; Mateo 19:5, 6; Proverbios 2:17.

24.2 El matrimonio fue instituido para la mutua ayuda del esposo y esposa;[1] para el crecimiento de la humanidad por generación legítima, y de la Iglesia con una simiente santa;[2] y para prevenir la impureza.[3]

Referencias bíblicas

[1] Génesis 2:18.
[2] Malaquías 2:15.
[3] 1 Corintios 7:2, 9.

24.3 Es lícito para toda clase de personas casarse con quien sea capaz de dar su consentimiento con juicio;[1] sin embargo, es deber de los cristianos casarse solamente en el Señor;[2] por tanto, los que profesan la verdadera religión reformada no deben casarse con los infieles, papistas u otros idólatras; ni deben, los que son piadosos, unirse en yugo desigual, casándose con los que notoriamente son malvados en sus vidas o sostienen herejías detestables.[3]

Referencias bíblicas

[1] Hebreos 13:4; 1 Timoteo 4:3; 1 Corintios 7:36-38; Génesis 24:57, 58.
[2] 1 Corintios 7:39.
[3] Génesis 34:14; Éxodo 34:16; Deuteronomio 7:3, 4; 1 Reyes 11:4; Nehemías 13:25-27; Malaquías 2:11, 12; 2 Corintios 6:14.

24.4 El matrimonio no debe contraerse dentro de los grados de consanguinidad o afinidad prohibidos en la Palabra de Dios,[1] ni pueden tales matrimonios incestuosos legalizarse por ninguna ley de hombre, ni por el consentimiento de las partes, de tal manera que esas personas puedan vivir juntas como marido y mujer.[2] Tal como el hombre no puede casarse con una pariente cercana en sangre, tampoco puede casarse con ninguna pariente cercana en sangre a su esposa; y tal como la mujer no puede casarse con un familiar cercano en sangre, tampoco puede casarse con ningún pariente cercano en sangre a su esposo.[3]

Referencias bíblicas

[1] Levítico 18:1–30; 1 Corintios 5:1; Amós 2:7.
[2] Marcos 6:18; Levítico 18:24-28.
[3] Levítico 20:19-21.

* * *

Revisión de 1887

24.4 El matrimonio no debe contraerse dentro de los grados de consanguinidad o afinidad prohibidos en la Palabra de Dios,[1] ni pueden tales matrimonios incestuosos legalizarse por ninguna ley de hombre, ni por el consentimiento de las partes, de tal manera que esas personas puedan vivir juntas como marido y mujer.[2]

Referencias bíblicas

[1] Levítico 18; 1 Corintios 5:1; Amós 2:7.
[2] Marcos 6:18; Levítico 18:24-28.

* * *

24.5 El adulterio o la fornicación cometidos después del compromiso, si son descubiertos antes del matrimonio, dan ocasión justa a la parte inocente para disolver aquel compromiso.[1] En caso de adulterio después del matrimonio, es lícito para la parte inocente promover su divorcio,[2] y después del divorcio, casarse con otra persona como si la parte ofensora estuviera muerta.[3]

Referencias bíblicas

[1] Mateo 1:18-20.
[2] Mateo 5:31, 32.
[3] Mateo 19:9; Romanos 7:2, 3.

24.6 Aunque la corrupción del ser humano sea tal que, personas sean aptas para estudiar argumentos para separar indebidamente lo que Dios ha unido en matrimonio, nada excepto el adulterio o la deserción obstinada que no puede ser remediada ni por la iglesia ni por la autoridad civil, es causa suficiente para disolver el lazo matrimonial.[1] Llegado ese caso, debe observarse un procedimiento público y ordenado, y las personas implicadas en el mismo no han de ser dejadas a su propia voluntad y discreción en su propio caso.[2]

Referencias bíblicas

[1] Mateo 19:8, 9; 1 Corintios 7:15; Mateo 19:6.

[2] Deuteronomio 24:1-4.

CAPÍTULO 25

De la Iglesia

25.1 La Iglesia católica o universal, que es invisible, consiste en el número completo de los elegidos que han sido, son o serán reunidos en uno, bajo Cristo su Cabeza. Esta Iglesia es la Esposa, el Cuerpo, la plenitud de Aquel que todo lo llena en todo.[1]

Referencias bíblicas

[1] Efesios 1:10, 22, 23; Efesios 5:23, 27, 32; Colosenses 1:18.

25.2 La Iglesia visible, que también es católica o universal bajo el Evangelio (no está limitada a una nación como anteriormente en el tiempo de la Ley), consiste de todos aquellos que en todo el mundo profesan la religión verdadera,[1] juntamente con sus hijos,[2] y es el Reino del Señor Jesucristo,[3] la casa y familia de Dios,[4] fuera de la cual no hay posibilidad ordinaria de salvación.[5]

Referencias bíblicas

[1] 1 Corintios 1:2; 1 Corintios 12:12, 13; Salmos 2:8; Apocalipsis 7:9; Romanos 15:9–12.

[2] 1 Corintios 7:14; Hechos 2:39; Ezequiel 16:20, 21; Romanos 11:16; Génesis 3:15; 17:7.

[3] Mateo 13:47; Isaías 9:7.

[4] Efesios 2:19; 3:15.

[5] Hechos 2:47

25.3 A esta Iglesia católica visible, Cristo ha dado el ministerio, los oráculos y las ordenanzas de Dios para reunir y perfeccionar a los santos en esta vida y hasta el fin del mundo; y por su propia presencia y Espíritu, según su promesa, los hace eficaces para ello.[1]

Referencias bíblicas

[1] 1 Corintios 12:28; Efesios 4:11-13; Mateo 28:19, 20; Isaías 59:21.

25.4 Esta Iglesia católica ha sido algunas veces más visible y otras veces menos visible;[1] y las iglesias particulares que son miembros de ella serán más puras o menos puras, según en ellas se enseñe y abrace la doctrina del Evangelio, se administren las ordenanzas y se celebre con mayor o menor pureza el culto público.[2]

Referencias bíblicas

[1] Romanos 11:3, 4; Apocalipsis 12:6, 14.
[2] Apocalipsis, capítulos 2 y 3; 1 Corintios 5:6, 7.

25.5 Las iglesias más puras existentes bajo el cielo están expuestas tanto a la mezcla y al error,[1] y algunas se han degenerado tanto que han llegado a ser, no iglesias de Cristo, sino sinagogas de Satanás.[2] Sin embargo, siempre habrá una iglesia en la Tierra para adorar a Dios conforme a su voluntad.[3]

Referencias bíblicas

[1] 1 Corintios 13:12; Apocalipsis capítulos 2 y 3; Mateo 13:24-30, 47.
[2] Apocalipsis 18:2; Romanos 11:18-22.
[3] Mateo 16:18; Salmos 72:17; Salmos 102:28; Mateo 28:19, 20.

25.6 No hay otra Cabeza de la Iglesia, sino el Señor Jesucristo;[1] ni puede el Papa de Roma, en ningún sentido, ser cabeza de ella; ya que él es aquel Anticristo, aquel hombre de pecado e hijo de perdición que se exalta a sí mismo en la Iglesia contra Cristo y contra todo lo que es llamado Dios.[2]

Referencias bíblicas

[1] Colosenses 1:18; Efesios 1:22.
[2] Mateo 23:8-10; 1 Pedro 5:2-4.

* * *

Revisión de 1936

25.6 No hay otra Cabeza de la Iglesia sino el Señor Jesucristo;[1] y no puede el Papa de Roma, en ningún sentido, ser cabeza de ella.[2]

Referencias bíblicas

[1] Colosenses 1:18; Efesios 1:22.
[2] Mateo 23:8-10; 2 Tesalonicenses 2:3, 4, 8, 9; Apocalipsis 13:6.

* * *

CAPÍTULO 26

De la comunión de los santos

26.1 Todos los santos, que están unidos a Jesucristo, su Cabeza, por su Espíritu y por la fe, tienen comunión con Él en sus gracias, sufrimientos, muerte, resurrección y gloria,[1] y estando unidos unos a otros en amor, tienen comunión en los dones y gracias de cada uno,[2] y están obligados al cumplimiento de tales deberes, públicos y privados, que conducen a su mutuo bien, tanto en el hombre interior como en el exterior.[3]

Referencias bíblicas

[1] 1 Juan 1:3; Efesios 3:16-19; Juan 1:16; Efesios 2:5, 6; Filipenses 3:10; Romanos 6:5, 6; 2 Timoteo 2:12.

[2] Efesios 4:15, 16; 1 Corintios 12:7; 1 Corintios 3:21-23; Colosenses 2:19.

[3] 1 Tesalonicenses 5:11, 14; Romanos 1:11, 12, 14; 1 Juan 3:16-18; Gálatas 6:10.

26.2 Los santos, en virtud de su profesión, están obligados a mantener una comunión y un compañerismo santos en la adoración a Dios, y a llevar a cabo los otros servicios espirituales que promueven su edificación mutua;[1] y también a socorrerse los unos a los otros en las cosas externas, según sus diferentes habilidades y necesidades. Esta comunión debe extenderse, en la medida que Dios presente la oportunidad, a todos aquellos que en todas partes invocan el nombre del Señor Jesús.[2]

Referencias bíblicas

[1] Hebreos 10:24, 25; Hechos 2:42, 46; Isaías 2:3; 1 Corintios 11:20.

[2] Hechos 2:44, 45; 1 Juan 3:17; 2 Corintios capítulos 8 y 9; Hechos 11:29, 30.

26.3 Esta comunión que los santos tienen con Cristo, no les hace de ninguna manera partícipes de la sustancia de la Divinidad, ni ser iguales a Cristo en ningún respecto; el afirmar cualquiera de estas cosas sería impiedad y blasfemia.[1] Tampoco la mutua comunión como santos quita o infringe el título o propiedad que cada hombre tiene sobre sus bienes y posesiones.[2]

Referencias bíblicas

[1] Colosenses 1:18, 19; 1 Corintios 8:6; Isaías 42:8; 1 Timoteo 6:15, 16; Salmos 45:7, con Hebreos 1:8, 9.

[2] Éxodo: 20:15; Efesios 4:28; Hechos 5:4.

CAPÍTULO 27

De los sacramentos

27.1 Los sacramentos son señales santas y sellos santos del pacto de gracia,[1] instituidos directamente por Dios,[2] para representar a Cristo y sus beneficios, y para confirmar nuestra participación en Él,[3] así también para establecer una distinción visible entre aquellos que pertenecen a la Iglesia y el resto del mundo,[4] y comprometerlos solemnemente al servicio de Dios en Cristo, conforme a su Palabra.[5]

Referencias bíblicas

[1] Romanos 4:11; Génesis 17:7, 10.
[2] Mateo 28:19; 1 Corintios 11:23.
[3] 1 Corintios 10:16; 1 Corintios 11:25, 26; Gálatas 3:27.
[4] Romanos 15:8; Éxodo 12:48; Génesis 34:14.
[5] Romanos 6:3, 4; 1 Corintios 10:16, 21.

27.2 En cada sacramento hay una relación espiritual o unión sacramental entre la señal y la cosa significada por ella; entonces sucede que los nombres y efectos del uno se atribuyen al otro.[1]

Referencias bíblicas

[1] Génesis 17:10; Mateo 26:27, 28; Tito 3:5.

27.3 La gracia que se exhibe en o por los sacramentos correctamente usados, no se confiere por algún poder que haya en ellos, ni la eficacia del sacramento depende de la piedad o intención del que lo administra,[1] sino de la obra del Espíritu[2] y de la palabra de la institución, la cual contiene, junto con un precepto que autoriza el uso del sacramento, una promesa de bendición para los que lo reciben dignamente.[3]

Referencias bíblicas

[1] Romanos 2:28, 29; 1 Pedro 3:21.
[2] Mateo 3:11; 1 Corintios 12:13.
[3] Mateo 26:27, 28; 28:19, 20.

27.4 En el Evangelio sólo hay dos sacramentos instituidos por Cristo nuestro Señor; y son el Bautismo y la Cena del Señor; ninguno de los cuales debe ser administrado sino por un ministro de la Palabra legítimamente ordenado.[1]

Referencias bíblicas

[1] Mateo 28:19; 1 Corintios 11:20, 23; 1 Corintios 4:1; Hebreos 5:4.

27.5 Los sacramentos del Antiguo Testamento, en lo que se refiere a las cosas espirituales que significaban y exhibían, eran, en sustancia, los mismos que los del Nuevo.[1]

Referencias bíblicas

[1] 1 Corintios 10:1-4.

CAPÍTULO 28

Del bautismo

28.1 El bautismo es un sacramento del Nuevo Testamento, ordenado por Jesucristo,[1] no solo para admitir solemnemente en la Iglesia visible a la persona bautizada,[2] sino también para que sea para ella una señal y un sello del pacto de gracia,[3] de su injerto en Cristo,[4] de su regeneración,[5] de la remisión de sus pecados,[6] y de su entrega a Dios por Jesucristo, para andar en novedad de vida.[7] Este sacramento, por institución de Cristo mismo, debe continuar en su Iglesia hasta el fin del mundo.[8]

Referencias bíblicas

[1] Mateo 28:19.
[2] 1 Corintios 12:13.
[3] Romanos 4:11, con Colosenses 2:11, 12.
[4] Gálatas 3:27; Romanos 6:5.
[5] Tito 3:5.
[6] Marcos 1:4.
[7] Romanos 6:3, 4.
[8] Mateo 28:19, 20.

28.2 El elemento externo que ha de usarse en este sacramento es el agua, con la cual ha de ser bautizada la persona en el nombre del Padre, y del Hijo y del Espíritu Santo, por un ministro del Evangelio legítimamente llamado para ese oficio.[1]

Referencias bíblicas

[1] Mateo 3:11; Juan 1:33; Mateo 28:19, 20.

28.3 No es necesaria la inmersión de la persona en el agua; sino que el bautismo es correctamente administrado por la aspersión o efusión del agua sobre la persona.[1]

Referencias bíblicas

[1] Hebreos 9:10, 19-22; Hechos 2:41; Hechos 16:33; Marcos 7:4.

28.4 No sólo deben de ser bautizados los que de hecho profesan fe en Cristo y obediencia a Él,[1] sino que los infantes, hijos de uno o de ambos padres creyentes, también deben ser bautizados.[2]

Referencias bíblicas

[1] Marcos 16:15, 16; Hechos 8:37, 38.

[2] Génesis 17:7, 9, con Gálatas 3:9, 14, y Colosenses 2:11, 12, y Hechos 2:38, y Romanos 4:11, 12; 1 Corintios 7:14; Mateo 28:19; Marcos 10:13-16; Lucas 18:15.

28.5 Aun cuando el menosprecio o descuido de esta ordenanza sea un gran pecado,[1] no obstante, la gracia y la salvación no están tan inseparablemente unidas a él que no pueda una persona ser regenerada o salvada sin el bautismo,[2] o que todos los que son bautizados sean indudablemente regenerados.[3]

Referencias bíblicas

[1] Lucas 7:30 con Éxodo 4:24-26.

[2] Romanos 4:11; Hechos 10:2, 4, 22, 31, 45, 47.

[3] Hechos 8:13, 23.

28.6 La eficacia del bautismo no está ligada al preciso momento en que este se administra;[1] sin embargo, por el uso correcto de esta ordenanza, la gracia prometida no solo se ofrece, sino que realmente se manifiesta y se otorga por el Espíritu Santo a aquellos (sean adultos o infantes) a quienes corresponde aquella gracia, según el consejo de la propia voluntad de Dios, en su debido tiempo.[2]

Referencias bíblicas

[1] Juan 3:5, 8.

[2] Gálatas 3:27; Tito 3:5; Efesios 5:25, 26; Hechos 2:38, 41.

28.7 El sacramento del bautismo ha de administrarse una sola vez a cada persona.[1]

Referencias bíblicas

[1] Tito 3:5.

CAPÍTULO 29

De la cena del Señor

29.1 Nuestro Señor Jesús, la noche en que fue entregado, instituyó el sacramento de su cuerpo y sangre, llamado la Cena del Señor, para que se observara en su Iglesia hasta el fin del mundo, para un recuerdo perpetuo del sacrificio de sí mismo en su muerte, para sellar en los verdaderos creyentes los beneficios de la misma, para su alimentación espiritual y el crecimiento en Él, para un mayor compromiso en y hacia todas las obligaciones que estos le deben a Cristo, y para ser un vínculo y una prenda de su comunión con Él, y entre ellos mutuamente, como miembros de su cuerpo místico.[1]

Referencias bíblicas

[1] 1 Corintios 11:23-26; 1 Corintios 10:16, 17, 21; 1 Corintios 12:13.

29.2 En este sacramento, Cristo no es ofrecido a su Padre, ni se hace ningún verdadero sacrificio por la remisión de los pecados de los vivos o de los muertos,[1] sino que solamente es una conmemoración del único ofrecimiento de sí mismo, y por sí mismo, en la cruz, una sola vez para siempre, y una ofrenda espiritual de toda alabanza posible a Dios por tal sacrificio.[2] Así que el sacrificio papal de la misa, como ellos lo llaman, es la injuria más abominable al único sacrificio de Cristo, la única propiciación por todos los pecados de sus elegidos.[3]

Referencias bíblicas

[1] Hebreos 9:22, 25, 26, 28.
[2] 1 Corintios 11:24-26; Mateo 26:26, 27.
[3] Hebreos 7:23, 24, 27; Hebreos 10:11, 12, 14, 18.

29.3 El Señor Jesús, en esta ordenanza, ha ordenado a sus ministros que declaren al pueblo su palabra de institución, que oren y bendigan los elementos del pan y del vino, y que los aparten así del uso común para un uso santo; que tomen y partan el pan, y beban la copa y —participando ellos mismos—, den de los elementos a los comulgantes;[1] pero no a ninguno que no esté presente entonces en la congregación.[2]

Referencias bíblicas

[1] Mateo 26:26-28; Marcos 14:22-24; Lucas 22:19, 20, con 1 Corintios 11:23-26.
[2] Hechos 20:7; 1 Corintios 11:20.

29.4 Las misas privadas o la recepción de este sacramento por un sacerdote o por cualquier otro, a solas,[1] como también el negar la copa al pueblo,[2] el adorar los elementos, el elevarlos o llevarlos de un lugar a otro para adorarlos, y el guardarlos para pretendidos usos religiosos, es contrario a la naturaleza de este sacramento y a la institución de Cristo.[3]

Referencias bíblicas

[1] 1 Corintios 10:16.
[2] Marcos 14:23; 1 Corintios 11:25-29.
[3] Mateo 15:9.

29.5 Los elementos externos de este sacramento, debidamente separados para los usos ordenados por Cristo, tienen tal relación con Cristo crucificado que verdaderamente, aunque solo sacramentalmente, se llaman a veces por el nombre de las cosas que representan, a saber: el cuerpo y la sangre de Cristo;[1] no obstante, en sustancia y en naturaleza, esos elementos siguen siendo verdadera y solamente pan y vino, como eran antes.[2]

Referencias bíblicas

[1] Mateo 26:26-28.
[2] 1 Corintios 11:26-28; Mateo 26:29.

29.6 La doctrina que sostiene que por la consagración del sacerdote, o por algún otro modo, se produce un cambio de la sustancia del pan y del vino a la sustancia del cuerpo y la sangre de Cristo (llamada comúnmente «transubstanciación»), es repugnante no solo a la Escritura sino también a la razón y al sentido común, echa abajo la naturaleza del sacramento y ha sido, y es, la causa de muchísimas supersticiones, además de idolatrías groseras.[1]

Referencias bíblicas

[1] Hechos 3:21, con 1 Corintios 11:24-26; Lucas 24:6, 39.

29.7 Los que reciben dignamente este sacramento, participando externamente de los elementos visibles[1] también participan interiormente, por la fe, de una manera real y verdadera, aunque no carnal y corporal, sino espiritualmente, reciben y se alimentan de Cristo crucificado y de todos los beneficios de su muerte. El cuerpo y la sangre de Cristo no están entonces ni carnal ni corporalmente en, con o bajo el pan y el vino; sin embargo, están real, pero espiritualmente, presentes en aquella ordenanza para la fe de los creyentes, tanto como los elementos mismos lo están para sus sentidos corporales.[2]

Referencias bíblicas

[1] 1 Corintios 11:28.

[2] 1 Corintios 10:16.

29.8 Aunque los ignorantes y malvados reciben los elementos externos de este sacramento, sin embargo, no reciben lo significado por ellos, sino que por acercarse indignamente son culpables del cuerpo y de la sangre del Señor para su propia condenación. Por lo tanto, todas las personas ignorantes e impías, como no son aptas para gozar de comunión con Él, son indignas de la mesa del Señor, y mientras permanezcan en ese estado, no pueden, sin cometer un gran pecado contra Cristo, participar de estos santos misterios,[1] ni pueden ser admitidos a ellos.[2]

Referencias bíblicas

[1] 1 Corintios 11:27–29; 2 Corintios 6:14-16.

[2] 1 Corintios 5:6, 7, 13; 2 Tesalonicenses 3:6, 14, 15; Mateo 6:7

CAPÍTULO 30

De la disciplina [censura] eclesiástica

30.1 El Señor Jesús, como Rey y Cabeza de su Iglesia, ha designado en ella un gobierno en mano de los oficiales eclesiásticos, distintos del magistrado civil.[1]

Referencias bíblicas

[1] Isaías 9:6, 7; 1 Timoteo 5:17; 1 Tesalonicenses 5:12; Hechos 20:17, 28; Hebreos 13:7, 17, 24; 1 Corintios 12:28; Mateo 28:18-20.

30.2 A estos oficiales eclesiásticos han sido entregadas las llaves del Reino de los cielos, en virtud de lo cual tienen poder respectivamente para retener y remitir los pecados, para cerrar aquel Reino a los que no se arrepienten, tanto por la Palabra como por las censuras; y para abrirlo a los pecadores arrepentidos, por el ministerio del Evangelio y por la absolución de las censuras, según la ocasión lo requiera.[1]

Referencias bíblicas

[1] Mateo 16:19; Mateo 18:17, 18; Juan 20:20-23; 2 Corintios 2:6-8.

30.3 Las disciplinas [censuras] eclesiásticas son necesarias para rescatar y ganar a los hermanos que son culpables de las ofensas; para disuadir a otros de cometer ofensas semejantes; para purificar de la mala levadura que puede infectar toda la masa; para vindicar el honor de Cristo y la santa profesión del Evangelio; para prevenir la ira de Dios que justamente podría caer sobre la iglesia si esta permitiera que el pacto del Señor y sus sellos fuesen profanados por ofensores notorios y obstinados.[1]

Referencias bíblicas

[1] 1 Corintios 5:1-13; 1 Timoteo 5:20; Mateo 7:6; 1 Timoteo 1:20; 1 Corintios 11:27-34, con Judas 23.

30.4 Para lograr mejor estos fines, los oficiales de la iglesia deben proceder por la amonestación; por la suspensión del sacramento de la Santa Cena por un tiempo; y por la excomunión de la iglesia, según la naturaleza del crimen y el grado de culpa de la persona.[1]

Referencias bíblicas

[1] 1 Tesalonicenses 5:12; 2 Tesalonicenses 3:6, 14, 15; 1 Corintios 5:4, 5, 13; Mateo 18:17; Tito 3:10.

CAPÍTULO 31

De los sínodos y concilios

31.1 Para el mejor gobierno y la mayor edificación de la Iglesia, debe haber tales asambleas, como las comúnmente llamadas sínodos o concilios.[1]

Referencias bíblicas

[1] Hechos 15:2, 4, 6.

* * *

Revisión de 1788

31.1 Para el mejor gobierno y la mayor edificación de la Iglesia, debe haber tales asambleas como las comúnmente llamadas sínodos o concilios,[1] y corresponde a los presbíteros y otros oficiales de las iglesias particulares, en virtud de su oficio y del poder que Cristo les ha dado para edificación y no para destrucción, convocar tales asambleas,[2] y reunirse en ellas con tanta frecuencia como juzguen conveniente para el bien de la Iglesia.[3]

Referencias bíblicas

[1] Hechos 15:2, 4, 6.
[2] Hechos 15:1-35.
[3] Hechos 15:1-35; 20:17.

* * *

31.2 [Así como los magistrados pueden lícitamente convocar un sínodo de ministros y otras personas idóneas, a fin de consultar y asesorarse en materia religiosa,[1] también pueden los ministros de Cristo, por sí mismos, en virtud de su oficio, y cuando los magistrados son enemigos declarados de la Iglesia, reunirse en tales asambleas con las personas adecuadas delegadas por sus iglesias].[2] *

*Nota editorial: En 1788, la asamblea general de la Iglesia Presbiteriana en Estados Unidos decidió expandir el primer párrafo, además de borrar el segundo párrafo de este capítulo.

Referencias bíblicas

[1] Isaías 49:23; 1 Timoteo 2:1, 2; 2 Crónicas 19:8-11; 2 Crónicas cap. 29, 30; Mateo 2:4, 5; Proverbios 11:14.

[2] Hechos 15:2, 4, 22, 23, 25.

* * *

31.3 [31.2 en la Revisión de 1788] Corresponde a los sínodos y concilios determinar ministerialmente en las controversias de fe y casos de conciencia; establecer reglas e instrucciones para el mejor orden en el culto público a Dios y en el gobierno de su Iglesia; recibir reclamos en casos de mala administración y determinar con autoridad en las mismas. Tales decretos y determinaciones, si son consonantes con la Palabra de Dios, deben recibirse con reverencia y sumisión, no solo por su concordancia con la Palabra, sino también por el poder con el cual son hechos, como ordenanza de Dios instituida en su Palabra para este fin.[1]

Referencias bíblicas

[1] Hechos 15:15, 19, 24, 27-31; Hechos 16:4; Mateo 18:17-20.

31.4 [31.3 en la Revisión de 1788] Todos los sínodos o concilios desde los tiempos de los Apóstoles, ya sean generales o particulares, pueden errar, y muchos han errado. Por lo tanto, no debe hacerse de ellos la regla de fe o práctica; sino que deben ser usados como una ayuda para ambas.[1]

Referencias bíblicas

[1] Efesios 2:20; Hechos 17:11; 1 Corintios 2:5; 2 Corintios 1:24.

31.5 [31.4 en la Revisión de 1788] Los sínodos y concilios solamente deben tratar y decidir acerca de los asuntos eclesiásticos, y no deben entrometerse en los asuntos civiles, que conciernen al Estado, a no ser por medio de humilde petición, en casos extraordinarios, o por medio de consejo para satisfacer la conciencia, si se lo solicita el magistrado civil.[1]

Referencias bíblicas

[1] Lucas 12:13, 14; Juan 18:36.

CAPÍTULO 32

Del estado del hombre después de la muerte y de la resurrección de los muertos

32.1 Los cuerpos de las personas vuelven al polvo después de la muerte y ven la corrupción,[1] pero sus almas (que ni mueren ni duermen), teniendo una subsistencia inmortal, vuelven inmediatamente a Dios que las dio.[2] Las almas de los justos, siendo entonces hechas perfectas en santidad, son recibidas en los más altos cielos en donde contemplan el rostro de Dios en luz y gloria, esperando la completa redención de sus cuerpos.[3] Las almas de los malvados son arrojadas al infierno, en donde permanecen atormentadas y envueltas en densas tinieblas, en espera del Juicio del Gran Día.[4] Fuera de estos dos lugares para las almas que están separadas de sus cuerpos, la Escritura no reconoce ningún otro.

Referencias bíblicas

[1] Génesis 3:19; Hechos 13:36.
[2] Lucas 23:43; Eclesiastés 12:7.
[3] Hebreos 12:23; 2 Corintios 5:1, 6, 8; Filipenses 1:23 con Hechos 3:21, y Efesios 4:10.
[4] Lucas 16:23, 24; Hechos 1:25; Judas 6, 7; 1 Pedro 3:19.

32.2 Los que se encuentren vivos en el último día, no morirán, sino que serán transformados,[1] y todos los muertos serán resucitados con sus mismos cuerpos, y no con otros, aunque con diferentes cualidades, y estos serán unidos otra vez a sus almas para siempre.[2]

Referencias bíblicas

[1] 1 Tesalonicenses 4:17; 1 Corintios 15:51, 52.
[2] Job 19:26, 27; 1 Corintios 15:42-44.

32.3 Los cuerpos de los injustos, por el poder de Cristo, resucitarán para deshonra; los cuerpos de los justos, por su Espíritu, resucitarán para honra, y serán hechos entonces semejantes al cuerpo glorioso de Cristo.[1]

Referencias bíblicas

[1] Hechos 24:15; Juan 5:28, 29; 1 Corintios 15:43; Filipenses 3:21.

CAPÍTULO 33

Del juicio final

33.1 Dios ha establecido un día en el cual juzgará al mundo con justicia por Jesucristo,[1] a quien todo poder y juicio es dado por el Padre.[2] En tal día, no solo los ángeles apóstatas serán juzgados,[3] sino que también todas las personas que han vivido en la Tierra comparecerán delante del tribunal de Cristo para dar cuenta de sus pensamientos, palabras y obras, y para recibir conforme a lo que hayan hecho mientras estaban en el cuerpo, sea bueno o malo.[4]

Referencias bíblicas

[1] Hechos 17:31.
[2] Juan 5:22, 27.
[3] 1 Corintios 6:3; Judas 6; 2 Pedro 2:4.
[4] 2 Corintios 5:10; Eclesiastés 12:14; Romanos 2:16; Romanos 14:10, 12; Mateo 12:36, 37.

33.2 El fin de Dios al establecer ese día, es la manifestación de la gloria de su misericordia en la salvación eterna de los elegidos, y de su justicia en la condenación de los réprobos, que son malvados y desobedientes. Y entonces entrarán los justos en la vida eterna y recibirán la plenitud de gozo y refrigerio que vendrá de la presencia del Señor; pero los malvados, que no conocen a Dios ni obedecen el Evangelio de Jesucristo, serán arrojados al tormento eterno y castigados con perdición perpetua, lejos de la presencia del Señor y de la gloria de su poder.[1]

Referencias bíblicas

[1] Mateo 25:31-46; Romanos 2:5, 6; Romanos 9:22, 23; Mateo 25:21; Hechos 3:19; 2 Tesalonicenses 1:7-10.

33.3 Así como Cristo quiso que estuviésemos ciertamente persuadidos de que habrá un día de juicio, tanto para disuadir a todos los hombres de pecar, como para el mayor consuelo de los piadosos en su adversidad,[1] así también mantendrá ese día desconocido para los hombres, a fin de que se desprendan de toda seguridad carnal y estén siempre vigilantes, porque no saben a qué hora vendrá el Señor, y para que siempre estén preparados para decir: «Ven, Señor Jesús; ven pronto. Amén».[2]

Referencias bíblicas

[1] 2 Pedro 3:11, 14; 2 Corintios 5:10, 11; 2 Tesalonicenses 1:5-7; Lucas 21:27, 28; Romanos 8:23-25.

[2] Mateo 24:36, 42-44; Marcos 13:35-37; Lucas 12:35, 36; Apocalipsis 22:20.

CATECISMO MENOR

CATECISMO MENOR

Pregunta 1. ¿Cuál es el fin principal del hombre?

Respuesta. El fin principal del hombre es glorificar a Dios[1] y gozar de Él para siempre.[2]

[1] 1 Corintios 10:31 y Romanos 11:36.
[2] Salmos 73:24 hasta el final.

P. 2. ¿Qué regla ha dado Dios para enseñarnos cómo podemos glorificarle y gozar de Él?

R. La Palabra de Dios, que está contenida en las Escrituras del Antiguo y Nuevo Testamentos,[1] es la única regla que nos enseña cómo podemos glorificarle y gozar de Él.[2]

[1] 2 Timoteo 3:16 y Efesios 2:20.
[2] 1 Juan 1:3, 4.

P. 3. ¿Qué enseñan las Escrituras principalmente?

R. Las Escrituras enseñan principalmente lo que el hombre debe creer respecto a Dios y qué deber Dios requiere del hombre.[1]

[1] 2 Timoteo 1:13 y 3:16.

P. 4. ¿Qué es Dios?

R. Dios es un Espíritu[1] infinito,[2] eterno[3] e inmutable[4] en su ser,[5] sabiduría,[6] poder,[7] santidad,[8] justicia, bondad y verdad.[9]

[1] Juan 4:24.
[2] Job 11:7-9.
[3] Salmos 90:2.
[4] Santiago 1:17.
[5] Éxodo 3:14.
[6] Salmos 147:5.
[7] Apocalipsis 4:8.

[8] Apocalipsis 15:4.
[9] Éxodo 34:5-7.

P. 5. ¿Hay más de un Dios?
R. No hay sino uno solo, el Dios vivo y verdadero.[1]

[1] Deuteronomio 6:4 y Jeremías 10:10.

P. 6. ¿Cuántas personas hay en la Divinidad?
R. En la Divinidad hay tres personas: el Padre, el Hijo y el Espíritu Santo, y estas tres personas son un solo Dios, las mismas en sustancia e iguales en poder y gloria.[1]

[1] 1 Juan 5:7 y Mateo 28:19.

P. 7. ¿Qué son los decretos de Dios?
R. Los decretos de Dios son su propósito eterno, según el consejo de su voluntad, por el cual, para su propia gloria, Él ha preordinado todo lo que sucede.[1]

[1] Efesios 1:4 y 11, Romanos 9:22, 23.

P. 8. ¿Cómo ejecuta Dios sus decretos?
R. Dios ejecuta sus decretos en las obras de la creación y providencia.

P. 9. ¿Qué es la obra de la creación?
R. La obra de la creación consiste en que Dios hizo todas las cosas de la nada por la palabra de su poder, en el espacio de seis días, y todas ellas muy buenas.[1]

[1] Génesis 1 hasta el final; Hebreos 11:3 y Génesis 1:31.

P. 10. ¿Cómo creó Dios al hombre?
R. Dios creó al hombre varón y hembra, según su propia imagen, en conocimiento, justicia y santidad, con dominio sobre las criaturas.[1]

[1] Génesis 1:26, 27; Colosenses 3:10; Efesios 4:24 y Génesis 1:28.

P. 11. ¿Qué son las obras de providencia de Dios?
R. Las obras de providencia de Dios son su santísima,[1] sapientísima[2] y poderosísima[3] preservación y gobierno de todas sus criaturas y todas las acciones[4] de estas.

[1] Salmos 145:17.

[2] Salmos 104:24 e Isaías 28:29.
[3] Hebreos 1:3.
[4] Salmos 103:19 y Mateo 10:29-31.

P. 12. ¿Qué acto especial de la providencia ejecutó Dios hacia el hombre en el estado en que éste fue creado?

R. Cuando Dios hubo creado al hombre, Dios entró en un pacto de vida con el hombre bajo condición de obediencia perfecta; prohibiéndole comer del árbol del conocimiento del bien y del mal, bajo pena de muerte.[1]

[1] Gálatas 3:12 y Génesis 2:17.

P. 13. ¿Continuaron nuestros primeros padres en el estado en que fueron creados?

R. Nuestros primeros padres, siendo dejados a la libertad de su propia voluntad, cayeron del estado en que fueron creados, al pecar contra Dios.[1]

[1] Génesis 3:6-8, 13 y Eclesiastés 7:29.

P. 14. ¿Qué es el pecado?

R. El pecado es cualquier falta de conformidad con la ley de Dios, o transgresión de la misma ley de Dios.[1]

[1] 1 Juan 3:4.

P. 15. ¿Cuál fue el pecado por el cual nuestros primeros padres cayeron del estado en que fueron creados?

R. El pecado por el cual nuestros primeros padres cayeron del estado en que fueron creados fue comer del fruto prohibido.[1]

[1] Génesis 3:6 y 12.

P.16. ¿Cayó toda la humanidad en la primera transgresión de Adán?

R. Habiéndose hecho el pacto con Adán, no solo para él mismo, sino también para su posteridad, toda la humanidad, descendiente de él por generación ordinaria, pecó en él y cayó con él en su primera transgresión.[1]

[1] Génesis 2:16 y 17; Romanos 5:12 y 1 Corintios 15:21, 22.

P. 17. ¿A qué estado condujo la caída a la humanidad?

R. La caída condujo a la humanidad a un estado de pecado y miseria.[1]

[1] Romanos 5:12.

P. 18. ¿En qué consiste la pecaminosidad del estado en que cayó el hombre?

R. La pecaminosidad de aquel estado en que cayó el hombre consiste en la culpa del primer pecado de Adán, la carencia de justicia original y la corrupción de toda su naturaleza, lo que comúnmente se llama Pecado Original, junto con todas las transgresiones actuales que proceden de él.[1]

[1] Romanos 5:12 y 19 y Romanos 5:10 al 20; Efesios 2:1-3; Santiago 1:14, 15 y Mateo 15:19.

P. 19. ¿En qué consiste la miseria del estado en que cayó el hombre?

R. Debido a su caída, toda la humanidad perdió la comunión con Dios,[1] está bajo su ira y maldición,[2] y sujeta a todas las miserias de esta vida, a la misma muerte, y a los sufrimientos del infierno para siempre.[3]

[1] Génesis 3:8, 10 y 24.

[2] Efesios 2:2, 3; Gálatas 3:10.

[3] Lamentaciones 3:39; Romanos 6:23; Mateo 25:41, 45, 46.

P. 20. ¿Dejó Dios perecer a toda la humanidad en su estado de pecado y miseria?

R. Habiendo Dios elegido desde toda la eternidad, de su pura buena voluntad, a algunos para vida eterna,[1] entró en un pacto de gracia para librarlos del estado de pecado y miseria, y llevarlos a un estado de salvación mediante un Redentor.[2]

[1] Efesios 1:4.

[2] Romanos 3:10, 20-22; Gálatas 3:21, 22.

P. 21. ¿Quién es el Redentor de los elegidos de Dios?

R. El único Redentor de los elegidos es el Señor Jesucristo,[1] quien, siendo el Hijo eterno de Dios, se hizo hombre,[2] y así fue y continúa siendo para siempre Dios y hombre, en dos naturalezas distintas y una sola Persona.[3]

[1] 1 Timoteo 2:5, 6.

[2] Juan 1:14; Gálatas 4:4.
[3] Romanos 9:5; Lucas 1:35, Colosenses 2:9 y Hebreos 7:24, 25.

P. 22. ¿Cómo es que Cristo, siendo el Hijo de Dios, se hizo hombre?

R. Cristo, el Hijo de Dios, se hizo hombre, tomando para sí mismo un cuerpo verdadero[1] y un alma racional,[2] siendo concebido por el poder del Espíritu Santo, en el vientre de la Virgen María, y nacido de ella,[3] pero sin pecado.[4]

[1] Hebreos 2:14, 16 y Hebreos 10:5.
[2] Mateo 26:38.
[3] Lucas 1:27, 31, 35, 42 y Gálatas 4:4.
[4] Hebreos 4:15 y Hebreos 7:26.

P. 23. ¿Qué oficios ejecuta Cristo como Redentor nuestro?

R. Cristo, como Redentor nuestro, ejecuta los oficios de Profeta, de Sacerdote y de Rey, tanto en su estado de humillación como de exaltación.[1]

[1] Hechos 3:21-22; Hebreos 12:25 con 2 Corintios 13:3; Hebreos 5:5-7; Hebreos 7:25, Salmos 2:6; Isaías 9:6,7; Mateo 21:5 y Salmos 2:8-11.

P. 24. ¿Cómo ejecuta Cristo el oficio de Profeta?

R. Cristo ejecuta el oficio de Profeta al revelarnos, por su Palabra y Espíritu, la voluntad de Dios para nuestra salvación.[1]

[1] Juan 1:18; 1 Pedro 1:10-12; Juan 15:15 y Juan 20:31.

P. 25. ¿Cómo ejecuta Cristo el oficio de Sacerdote?

R. Cristo ejecuta el oficio de Sacerdote al ofrecerse a sí mismo, una sola vez, como sacrificio para satisfacer la justicia divina,[1] y reconciliarnos con Dios,[2] y al hacer continua intercesión por nosotros.[3]

[1] Hebreos 9:14 y 28.
[2] Hebreos 2:17.
[3] Hebreos 7:24, 25.

P. 26. ¿Cómo ejecuta Cristo el oficio de Rey?

R. Cristo ejecuta el oficio de Rey sometiéndonos a Él mismo,[1] gobernándonos[2] y defendiéndonos,[3] y refrenando y conquistando a todos los enemigos, suyos y nuestros.[4]

[1] Hechos 15:14-16.
[2] Isaías 33:22.

[3] Isaías 32:1-2.
[4] 1 Corintios 15:25 y Salmo 110.

P. 27. ¿En qué consistió la humillación de Cristo?

R. La humillación de Cristo consistió en haber nacido, y esto en una condición de bajeza,[1] nacido bajo la Ley,[2] experimentando las miserias de esta vida,[3] la ira de Dios,[4] y la muerte maldita en la cruz;[5] en haber sido sepultado[6] y continuar bajo el poder de la muerte por un tiempo.[7]

[1] Lucas 2:7.
[2] Gálatas 4:4.
[3] Hebreos 12:2, 3 e Isaías 53:2, 3.
[4] Lucas 22:44 y Mateo 27:46.
[5] Filipenses 2:8.
[6] 1 Corintios 15:3, 4.
[7] Hechos 2:24-27 y 31.

P. 28. ¿En qué consiste la exaltación de Cristo?

R. La exaltación de Cristo consiste en su resurrección de entre los muertos al tercer día,[1] en su ascensión al cielo,[2] en estar sentado a la diestra de Dios el Padre,[3] y en venir a juzgar el mundo en el día final.[4]

[1] 1 Corintios 15:4.
[2] Marcos 16:19.
[3] Efesios 1:20.
[4] Hechos 1:11 y Hechos 17:31.

P. 29. ¿Cómo somos hechos partícipes de la redención adquirida por Cristo?

R. Somos hechos partícipes de la redención adquirida por Cristo mediante la aplicación eficaz de ella en nosotros[1] por su Espíritu Santo.[2]

[1] Juan 1:11, 12.
[2] Tito 3:5, 6.

P. 30. ¿Cómo nos aplica el Espíritu Santo la redención adquirida por Cristo?

R. El Espíritu Santo nos aplica la redención adquirida por Cristo al obrar la fe en nosotros,[1] y uniéndonos así a Cristo en nuestro llamamiento eficaz.[2]

[1] Efesios 1:13, 14; Juan 6:37, 39 y Efesios 2:8.
[2] Efesios 3:17; 1 Corintios 1:9.

P. 31. ¿Qué es el llamamiento eficaz?

R. El llamamiento eficaz es la obra del Espíritu de Dios[1] mediante la cual, convenciéndonos de nuestro pecado y miseria,[2] iluminando nuestras mentes en el conocimiento de Cristo[3] y, renovando nuestras voluntades,[4] él nos persuade y nos capacita para abrazar a Jesucristo, libremente ofrecido en el Evangelio.[5]

[1] 2 Timoteo 1:9 y 2 Tesalonicenses 2:13, 14.
[2] Hechos 2:37.
[3] Hechos 26:18.
[4] Ezequiel 36:26, 27.
[5] Juan 6:44, 45 y Filipenses 2:13.

P. 32. ¿De qué beneficios participan en esta vida los que son eficazmente llamados?

R. Aquellos que son eficazmente llamados participan en esta vida de la justificación,[1] la adopción,[2] la santificación y los diversos beneficios que en esta vida acompañan o se derivan de ellas.[3]

[1] Romanos 8:30.
[2] Efesios 1:5.
[3] 1 Corintios 1:26 y 30.

P. 33. ¿Qué es la justificación?

R. La justificación es un acto de la libre gracia de Dios, mediante el cual perdona todos nuestros pecados,[1] y nos acepta como justos ante su mirada,[2] solamente a causa de la justicia de Cristo imputada a nosotros,[3] y que recibimos solamente por la fe.[4]

[1] Romanos 3:24, 25 y Romanos 4:6-8, Efesios 1:7.
[2] 2 Corintios 5:19 y 21.
[3] Romanos 5:17-19.
[4] Gálatas 2:16 y Filipenses 3:9.

P. 34. ¿Qué es la adopción?

R. La adopción es un acto de la libre gracia de Dios,[1] por el cual somos recibidos en el número de los hijos de Dios y tenemos el derecho a todos los privilegios de los hijos de Dios.[2]

[1] 1 Juan 3:1.
[2] Juan 1:12 y Romanos 8:17.

P. 35. ¿Qué es la santificación?

R. La santificación es la obra de la libre gracia de Dios,[1] por la cual somos renovados en todo nuestro ser según la imagen de Dios[2] y somos capacitados para morir más y más al pecado, y vivir para la justicia.[3]

[1] 2 Tesalonicenses 2:13.
[2] Efesios 4:23, 24.
[3] Romanos 6:4, 6.

P. 36. ¿Cuáles son los beneficios que en esta vida acompañan o fluyen de la justificación, la adopción y la santificación?

R. Los beneficios que en esta vida acompañan o fluyen de la justificación, la adopción y la santificación son: la seguridad del amor de Dios, la paz de conciencia,[1] el gozo en el Espíritu Santo,[2] el crecimiento en gracia,[3] y la perseverancia en ella hasta el fin.[4]

[1] Romanos 5:1, 2, 5.
[2] Romanos 9:17.
[3] Proverbios 4:18 y 1 Juan 5:13.
[4] 1 Juan 5:13 y 1 Pedro 1:5.

P. 37. ¿Qué beneficios de Cristo reciben los creyentes al morir?

R. Al morir, las almas de los creyentes son hechas perfectas en santidad[1] y pasan inmediatamente a la gloria;[2] y sus cuerpos, estando aún unidos a Cristo,[3] reposan en sus tumbas[4] hasta la resurrección.[5]

[1] Hebreos 12:23.
[2] 2 Corintios 5:1, 6, 8; Filipenses 1:23 y Lucas 23:43.
[3] 1 Tesalonicenses 4:14.
[4] Isaías 57:2.
[5] Job 19:26, 27.

P. 38. ¿Qué beneficios reciben de Cristo los creyentes en la resurrección?

R. Los creyentes, siendo levantados en gloria[1] en la resurrección, serán públicamente reconocidos y absueltos en el Día del Juicio,[2] siendo perfectamente bendecidos en el pleno disfrute de Dios[3] por toda la eternidad.[4]

[1] 1 Corintios 15:43.
[2] Mateo 25:23 y Mateo 10:32.
[3] 1 Juan 3:2 y 1 Corintios 13:12.
[4] 1 Tesalonicenses 4:17, 18.

P. 39. ¿Cuál es el deber que Dios requiere del hombre?

R. El deber que Dios requiere del hombre es obediencia a su voluntad revelada.[1]

[1] Miqueas 6:8 y 1 Samuel 25:22.

P. 40. ¿Qué reveló Dios primero al hombre como regla para su obediencia?

R. La regla que Dios reveló primero al hombre fue la ley moral.[1]

[1] Romanos 2:14, 15 y Romanos 10:5.

P. 41. ¿Dónde está resumida la ley moral?

R. La ley moral está resumida en los Diez Mandamientos.[1]

[1] Deuteronomio 10:4 y Mateo 19:17.

P. 42. ¿Cuál es el resumen de los Diez Mandamientos?

R. El resumen de los Diez Mandamientos es: Amar al Señor nuestro Dios con todo nuestro corazón, con toda nuestra alma, con todas nuestras fuerzas y con toda nuestra mente; y a nuestro prójimo como a nosotros mismos.[1]

[1] Mateo 22:37-40.

P. 43. ¿Cuál es el prefacio de los Diez Mandamientos?

R. El prefacio de los Diez Mandamientos es: *Yo soy Jehová tu Dios que te saqué de la tierra de Egipto, de casa de servidumbre.*[1]

[1] Éxodo 22:2.

P. 44. ¿Qué nos enseña el prefacio de los Diez Mandamientos?

R. El prefacio de los Diez Mandamientos nos enseña que, por cuanto Dios es el Señor, y nuestro Dios y redentor, estamos, por lo tanto, obligados a guardar todos sus mandamientos.[1]

[1] Lucas 1:74, 75, 1 Pedro 1:15-19.

P. 45. ¿Cuál es el primer mandamiento?

R. El primer mandamiento es: *No tendrás dioses ajenos delante de mí.*[1]

[1] Éxodo 20:3.

P. 46. ¿Qué se requiere en el primer mandamiento?

R. El primer mandamiento requiere que conozcamos y reconozcamos a Dios como el único y verdadero Dios, y como nuestro Dios;[1] y que le adoremos y glorifiquemos de acuerdo a ello.[2]

[1] 1 Crónicas 28:9 y Deuteronomio 26:17.
[2] Mateo 4:10 y Salmo 29.

P. 47. ¿Qué se prohíbe en el primer mandamiento?

R. El primer mandamiento prohíbe negar,[1] o no adorar y glorificar al verdadero Dios como Dios,[2] y nuestro Dios;[3] que demos a cualquier otro aquella adoración y gloria que solo a Él le debemos.[4]

[1] Salmos 14:1.
[2] Romanos 1:21.
[3] Salmos 81: 10, 11.
[4] Romanos 1:25, 26.

P. 48. ¿Qué nos enseñan especialmente estas palabras «delante de mí» en el primer mandamiento?

R. Las palabras «delante de mí» del primer mandamiento nos enseñan que Dios, que ve todas las cosas, presta atención de, y se desagrada mucho con el pecado de tener cualquier otro dios.[1]

[1] Ezequiel 8:5 hasta el final.

P. 49. ¿Cuál es el segundo mandamiento?

R. El segundo mandamiento es: *No te harás imagen, ni ninguna semejanza de lo que esté arriba en el cielo, ni abajo en la tierra, ni en las aguas debajo de la tierra. No te inclinarás a ellas, ni las honrarás; porque yo soy Jehová tu Dios, fuerte, celoso, que visito la maldad de los padres sobre los hijos hasta la tercera y cuarta generación de los que me aborrecen, y hago misericordia a millares, a los que me aman y guardan mis mandamientos.*[1]

[1] Éxodo 20:4-6.

P. 50. ¿Qué se requiere en el segundo mandamiento?

R. El segundo mandamiento requiere recibir, observar y guardar puras y completas toda aquella adoración religiosa y ordenanzas que Dios ha establecido en su Palabra.[1]

[1] Deuteronomio 32:46; Mateo 28:20 y Hechos 2:42.

P. 51. ¿Qué se prohíbe en el segundo mandamiento?

R. El segundo mandamiento prohíbe la adoración a Dios por medio de imágenes,[1] o por cualquier otra manera que no esté autorizada en su Palabra.[2]

[1] Deuteronomio 4:15-19 y Éxodo 32:5 y 8.
[2] Deuteronomio 32:31, 32.

P. 52. ¿Cuáles son las razones anexadas al segundo mandamiento?

R. Las razones que acompañan al segundo mandamiento son: la soberanía de Dios sobre nosotros,[1] su propiedad en nosotros,[2] y el celo que Él tiene por su propia adoración.[3]

[1] Salmos 95:2, 3 y 6.
[2] Salmos 45:11.
[3] Éxodo 34:13, 14.

P. 53. ¿Cuál es el tercer mandamiento?

R. El tercer mandamiento es: *No tomarás el nombre de Jehová tu Dios en vano; porque no dará por inocente Jehová al que tomare su nombre en vano.*[1]

[1] Éxodo 20:7.

P. 54. ¿Qué se requiere en el tercer mandamiento?

R. El tercer mandamiento requiere el uso santo y reverente de los nombres,[1] títulos,[2] atributos,[3] ordenanzas,[4] palabra[5] y obras[6] de Dios.

[1] Mateo 6:9 y Deuteronomio 28:58.
[2] Salmos 68:4.
[3] Apocalipsis 15:3, 4.
[4] Malaquías 1:11 y 14.
[5] Salmos 138:1, 2.
[6] Job 36:24.

P. 55. ¿Qué prohíbe el tercer mandamiento?

R. El tercer mandamiento prohíbe toda profanación y abuso de cualquier cosa por la cual Dios se da a conocer.[1]

[1] Malaquías 1:6, 7, 12; Malaquías 2:2 y 3:14.

P. 56. ¿Cuál es la razón anexada al tercer mandamiento?

R. La razón que acompaña al tercer mandamiento es, que aunque los quebrantadores de este mandamiento puedan escapar del castigo

de los hombres, el Señor nuestro Dios no permitirá que escapen de su justo juicio.[1]

[1] 1 Samuel 2:12, 17, 22, 29 y 1 Samuel 3:13 y Deuteronomio 28:58, 59.

P. 57. ¿Cuál es el cuarto mandamiento?

R. El cuarto mandamiento es: ***Acuérdate del día de reposo para santificarlo. Seis días trabajarás, y harás toda tu obra; mas el séptimo día es reposo para Jehová tu Dios; no hagas en él obra alguna, tú, ni tu hijo, ni tu hija, ni tu siervo, ni tu criada, ni tu bestia, ni tu extranjero que está dentro de tus puertas. Porque en seis días hizo Jehová los cielos y la tierra, el mar, y todas las cosas que en ellos hay, y reposó en el séptimo día; por tanto, Jehová bendijo el día de reposo y lo santificó.***[1]

[1] Éxodo 20:8-11.

P. 58. ¿Qué se requiere en el cuarto mandamiento?

R. El cuarto mandamiento requiere el guardar santo para Dios los tiempos establecidos que Él ha señalado en su Palabra; especialmente un día completo de cada siete, para ser un santo reposo (*sabbat*) para Él mismo.[1]

[1] Deuteronomio 5:12-14.

P. 59. ¿Qué día de los siete ha señalado Dios para el descanso semanal?

R. Desde la creación del mundo hasta la resurrección de Cristo Dios señaló el séptimo día de la semana para ser el reposo semanal; y a partir de entonces, el primer día de la semana, para continuar así hasta el fin del mundo, siendo este el reposo cristiano.[1] *

[1] Génesis 2:2, 3; 1 Corintios 16:1, 2 y Hechos 20:7.

P. 60. ¿Cómo debe santificarse el día de reposo?

R. El día de reposo (*sabbat*) se debe santificar mediante un descanso santo todo ese día, incluso de aquellos trabajos y recreaciones

* Nota editorial: Es decir, hasta la resurrección de Cristo, el día de reposo (*sabbat*) era el sábado. Sin embargo, desde la resurreción de Cristo, el día de reposo cristiano (*sabbat* cristiano) es celebrado el domingo. De esta manera, el sábado cristiano, o el día del Señor, es un día de reposo santo, de adoración y servicio que es observado durante el primer día de la semana, es decir, el domingo.

cotidianos que son lícitos en los demás días;[1] y ocupando todo el tiempo en los ejercicios públicos y privados del culto a Dios,[2] salvo en aquel tiempo que dedique a obras de necesidad y misericordia.[3]

[1] Nehemías 13:15-22.
[2] Lucas 4:16; Hechos 20:7; Salmo 92 (título) e Isaías 61:23.
[3] Mateo 12:11-13.

P. 61. ¿Qué se prohíbe en el cuarto mandamiento?

R. El cuarto mandamiento prohíbe la omisión o el cumplimiento descuidado de los deberes requeridos,[1] y la profanación del día por la ociosidad,[2] o el hacer aquello que es en sí mismo pecado,[3] o mediante pensamientos, palabras u obras innecesarios, en relación con nuestras ocupaciones o recreaciones mundanales.[4]

[1] Ezequiel 22:26; Amós 8:5 y Malaquías 1:13.
[2] Hechos 20:7, 9.
[3] Ezequiel 23:38.
[4] Jeremías 27:24-26 e Isaías 58:13.

P. 62. ¿Cuáles son las razones anexadas al cuarto mandamiento?

R. Las razones que acompañan al cuarto mandamiento son: que Dios nos ha concedido seis días de la semana para nuestras ocupaciones;[1] que Él demanda una especial propiedad del séptimo día; su propio ejemplo y su bendición del día de reposo.[2]

[1] Éxodo 20:9.
[2] Éxodo 20:11.

P. 63. ¿Cuál es el quinto mandamiento?

R. El quinto mandamiento es: *Honra a tu padre y a tu madre, para que tus días se alarguen en la tierra que Jehová tu Dios te da.*[1]

[1] Éxodo 20:12.

P. 64. ¿Qué se requiere en el quinto mandamiento?

R. El quinto mandamiento requiere la preservación del honor, y la realización de deberes, que pertenecen a cada uno en sus distintos puestos y relaciones, como superiores,[1] inferiores[2] o iguales.[3]

[1] Efesios 5:21.
[2] 1 Pedro 2:17.
[3] Romanos 12:10.

P. 65. ¿Qué se prohíbe en el quinto mandamiento?

R. El quinto mandamiento prohíbe la negligencia de, o hacer cualquier cosa contra el honor y el deber que pertenece a cada uno en sus diversos puestos o relaciones.[1]

[1] Mateo 15:4-6; Ezequiel 34:2, 4 y Romanos 13:8.

P. 66. ¿Cuál es la razón anexada al quinto mandamiento?

R. La razón anexada al quinto mandamiento es la promesa de larga vida y prosperidad (en cuanto sirva para la gloria de Dios y el bien propio) a todos los que guardan este mandamiento.[1]

[1] Deuteronomio 5:16 y Efesios 6:2, 3.

P. 67. ¿Cuál es el sexto mandamiento?

R. El sexto mandamiento es: *No matarás*.[1]

[1] Éxodo 20:13.

P. 68. ¿Qué se requiere en el sexto mandamiento?

R. El sexto mandamiento requiere que hagamos todos los esfuerzos lícitos para preservar nuestra vida[1] y la vida de los demás.[2]

[1] Efesios 5:28 y 29.
[2] 1 Reyes 18:4.

P. 69. ¿Qué se prohíbe en el sexto mandamiento?

R. El sexto mandamiento prohíbe el quitarnos la propia vida, o el quitar injustamente la vida de nuestro prójimo, así como también prohíbe cualquier cosa que lleve a matar.[1]

[1] Hechos 16:28 y Génesis 9:6.

P. 70. ¿Cuál es el séptimo mandamiento?

R. El séptimo mandamiento es: *No cometerás adulterio*.[1]

[1] Éxodo 20:14.

P. 71. ¿Qué se requiere en el séptimo mandamiento?

R. El séptimo mandamiento requiere que preservemos nuestra propia castidad y la de nuestro prójimo en corazón, palabra y conducta.[1]

[1] 1 Corintios 7:2, 3, 5, 34, 36; Colosenses 4:6 y 1 Pedro 3:2.

P. 72. ¿Qué se prohíbe en el séptimo mandamiento?

R. El séptimo mandamiento prohíbe todos los pensamientos, palabras y acciones inmorales.[1]

[1] Mateo 25:19; Mateo 5:28; Efesios 5:3, 4.

P. 73. ¿Cuál es el octavo mandamiento?

R. El octavo mandamiento es: No hurtarás.[1]

[1] Éxodo 20:15.

P. 74. ¿Qué se requiere en el octavo mandamiento?

R. El octavo mandamiento requiere procurar y promover legítimamente la prosperidad y el bienestar material de nosotros y de los demás.[1]

[1] Génesis 30:30; 1 Timoteo 5:8; Levítico 25:35; Deuteronomio 22:1-5; Éxodo 23:4, 5 y Génesis 47:14, 20.

P. 75. ¿Qué se prohíbe en el octavo mandamiento?

R. El octavo mandamiento prohíbe todo lo que obstaculiza o puede llegar a obstaculizar injustamente nuestra propia prosperidad y bienestar material o la de nuestro prójimo.[1]

[1] Proverbios 21:17 y Proverbios 23:20, 21; Proverbios 28:19 y Efesios 4:28.

P. 76. ¿Cuál es el noveno mandamiento?

R. El noveno mandamiento es: *No hablarás contra tu prójimo falso testimonio*.[1]

[1] Éxodo 20:16.

P. 77. ¿Qué se requiere en el noveno mandamiento?

R. El noveno mandamiento requiere mantener y promover la verdad entre hombre y hombre,[1] así como también nuestro buen nombre y el de nuestro prójimo,[2] especialmente cuando actuamos como testigos.[3]

[1] Zacarías 8:16.
[2] 3 Juan versículo 12.
[3] Proverbios 14:5 y 25.

P. 78. ¿Qué se prohíbe en el noveno mandamiento?

R. El noveno mandamiento prohíbe todo lo que es perjudicial para

la verdad o injurioso para nuestro propio buen nombre o el de nuestro prójimo.[1]

[1] 1 Samuel 17:28; Levítico 19:16 y Salmos 15:3.

P. 79. ¿Cuál es el décimo mandamiento?

R. El décimo mandamiento es: ***No codiciarás la casa de tu prójimo, no codiciarás la mujer de tu prójimo, ni su siervo, ni su criada, ni su buey, ni su asno, ni cosa alguna de tu prójimo.***[1]

[1] Éxodo 20:17.

P. 80. ¿Qué se requiere en el décimo mandamiento?

R. El décimo mandamiento requiere el completo contentamiento con nuestra propia condición,[1] **con una actitud espiritual recta y caritativa hacia nuestro prójimo y todo lo que le pertenece.**[2]

[1] Hebreos 13:5 y 1 Timoteo 6:6.
[2] Job 31:29, 1 Timoteo 1:5 y 1 Corintios 13:4-7.

P. 81. ¿Qué se prohíbe en el décimo mandamiento?

R. El décimo mandamiento prohíbe todo descontento con nuestra propia situación,[1] **envidiar o lamentarnos por el bienestar de nuestro prójimo,**[2] **y movimientos y afectos desordenados hacia cualquier cosa que le pertenece.**[3]

[1] 1 Reyes 21:4; Ester 5:13 y 1 Corintios 10:10.
[2] Gálatas 5:26 y Santiago 3:14 y 16.
[3] Romanos 7:7, 8; Romanos 13:9 y Deuteronomio 5:21.

P. 82. ¿Puede algún hombre guardar perfectamente los mandamientos de Dios?

R. Desde la Caída, ningún hombre puede guardar perfectamente en esta vida los mandamientos de Dios,[1] **sino que los quebranta diariamente en pensamiento, palabra y obra.**[2]

[1] Eclesiastés 7:20; 1 Juan 1:8, 10 y Gálatas 5:17.
[2] Génesis 6:5, Génesis 8:21, Romanos 3:9, 21 y Santiago 3:2 hasta el versículo 13.

P. 83. ¿Son todas las transgresiones de la Ley igualmente detestables?

R. Algunos pecados, en sí mismos, y por razón de diversos agravantes, son más detestables a la vista de Dios que otros.[1]

[1] Ezequiel 8:6, 13, 15; 1 Juan 5:16; Salmos 78:17, 32, 56.

P. 84. ¿Qué es lo que todo pecado merece?

R. Todo pecado merece la ira y la maldición de Dios, tanto en esta vida como en la venidera.[1]

[1] Efesios 5:6; Gálatas 3:10, Lamentaciones 3:39 y Mateo 25:41.

P. 85. ¿Qué requiere Dios de nosotros para que escapemos de su ira y maldición que merecemos por el pecado?

R. Para escapar de la ira y la maldición que merecemos por causa del pecado, Dios requiere de nosotros fe en Jesucristo, arrepentimiento para vida[1] con el uso diligente de todos los medios externos con los cuales Cristo nos comunica los beneficios de la redención.[2]

[1] Hechos 20:21.
[2] Proverbios 2:1-5; Proverbios 8:33-36 e Isaías 55:3.

P. 86. ¿Qué es la fe en Jesucristo?

R. La fe en Jesucristo es una gracia salvadora,[1] por la cual le recibimos y descansamos solo en Él para salvación, tal como Él nos es ofrecido en el evangelio.[2]

[1] Hebreos 10:39.
[2] Juan 1:12, Isaías 26:3, 4; Filipenses 3:9 y Gálatas 2:16.

P. 87. ¿Qué es el arrepentimiento para vida?

R. El arrepentimiento para vida es una gracia salvadora[1] por la cual un pecador, desde un verdadero sentimiento de su pecado,[2] y de la aprehensión de la misericordia de Dios en Cristo,[3] con dolor y aborrecimiento de su pecado, se aparta del mismo para ir a Dios,[4] con pleno propósito y esfuerzo para una nueva obediencia.[5]

[1] Hechos 11:18.
[2] Hechos 2:37, 38.
[3] Joel 2:12 y Jeremías 3:22.
[4] Jeremías 31:18, 19 y Ezequiel 36:31.
[5] 2 Corintios 7:11 e Isaías 1:16, 17.

P. 88. ¿Cuáles son los medios externos y ordinarios por los que Cristo nos comunica los beneficios de la redención?

R. Los medios externos y ordinarios por los que Cristo nos comunica los beneficios de la redención son sus ordenanzas, especialmente la

Palabra, los sacramentos y la oración; todos los cuales se hacen eficaces para los elegidos para salvación.[1]

[1] Mateo 28:19, 20 y Hechos 2:42, 46, 47.

P. 89. ¿Cómo se hace eficaz la Palabra para salvación?

R. El Espíritu de Dios hace que la lectura, y especialmente la predicación de la Palabra, sea un medio eficaz para convencer y convertir a los pecadores, y para edificarlos en santidad y consolación, por medio de la fe, para salvación.[1]

[1] Nehemías 8:8; 1 Corintios 14:24, 25; Hechos 26:18; Salmos 19:8; Hechos 20:32; Romanos 15:4; 2 Timoteo 3;15-17; Romanos 10:13-17 y Romanos 1:16.

P. 90. ¿Cómo se debe leer y escuchar la Palabra para que sea eficaz para salvación?

R. Para que la Palabra sea eficaz para salvación, debemos atender a ella con diligencia,[1] preparación[2] y oración;[3] recibirla con fe y amor,[4] guardarla en nuestro corazón[5] y practicarla en nuestra vida.[6]

[1] Proverbios 8:34.
[2] 1 Pedro 2:1;2.
[3] Salmos 119:18.
[4] Hebreos 4:2 y 2 Tesalonicenses 2:10.
[5] Salmos 119:11.
[6] Lucas 8:15 y Santiago 1:25.

P. 91. ¿Cómo llegan a ser los sacramentos medios eficaces de salvación?

R. Los sacramentos llegan a ser medios eficaces de salvación, no por alguna virtud que haya en ellos, o en aquel que los administra, sino solamente por la bendición de Cristo[1] y la obra de su Espíritu en aquellos que por la fe los reciben.[2]

[1] 1 Pedro 3:21; Mateo 3:11 y 1 Corintios 3:6, 7.
[2] 1 Corintios 12:13.

P. 92. ¿Qué es un sacramento?

R. Un sacramento es una ordenanza santa, instituida por Cristo, en la cual, mediante signos sensibles, Cristo y los beneficios del nuevo pacto son representados, sellados y son aplicados a los creyentes.[1]

[1] Génesis 17:7, 10; todo el capítulo de Éxodo 12; 1 Corintios 11:23, 26.

P. 93. ¿Cuáles son los sacramentos del Nuevo Testamento?

R. Los sacramentos del Nuevo Testamento son el bautismo[1] y la Cena del Señor.[2]

[1] Mateo 28:19.
[2] Mateo 26:26-28.

P. 94. ¿Qué es el bautismo?

R. El bautismo es un sacramento en el que el lavamiento con agua en el nombre del Padre, y del Hijo y del Espíritu Santo[1] significa y sella nuestro injerto en Cristo, la participación de los beneficios del pacto de gracia y nuestro compromiso de pertenecer al Señor.[2]

[1] Mateo 28:19.
[2] Romanos 6:4 y Gálatas 3:27.

P. 95. ¿A quién debe administrarse el bautismo?

R. El bautismo no debe administrarse a quienes están fuera de la Iglesia visible, hasta que profesen su fe en Cristo y obediencia a Él;[1] pero los niños de quienes son miembros de la Iglesia visible deben ser bautizados.[2]

[1] Hechos 8:36, 37 y Hechos 2:38.
[2] Hechos 2:38, 39; Génesis 17:10 con Colosenses 2:11, 12; 1 Corintios 7:14.

P. 96. ¿Qué es la cena del Señor?

R. La cena del Señor es un sacramento en el que, al dar y recibir pan y vino, según lo establecido por Cristo, se anuncia su muerte; y quienes los reciben dignamente participan —no de una manera corporal y carnal, sino por la fe— de su cuerpo y sangre, con todos sus beneficios, para su alimentación espiritual y su crecimiento en gracia.[1]

[1] 1 Corintios 11:23-26 y 1 Corintios 10:16.

P. 97. ¿Qué se requiere para recibir dignamente la Cena del Señor?

R. Se requiere de aquellos que desean participar dignamente de la cena del Señor, que se examinen a sí mismos acerca de su conocimiento para discernir el cuerpo del Señor,[1] acerca de su fe para alimentarse de Él,[2] acerca de su arrepentimiento,[3] amor,[4] y nueva obediencia,[5] no sea que viniendo indignamente, ellos coman y beban juicio para sí mismos.[6]

[1] 1 Corintios 11:28, 29.
[2] 2 Corintios 13:5.
[3] 1 Corintios 11:31.
[4] 1 Corintios 10:16, 17.
[5] 1 Corintios 5:7, 8.
[6] 1 Corintios 11:28, 29.

P. 98. ¿Qué es la oración?

R. La oración es el ofrecimiento de nuestros deseos a Dios,[1] por las cosas conforme a su voluntad,[2] en el nombre de Cristo,[3] con confesión de nuestros pecados,[4] y agradecido reconocimiento de sus misericordias.[5]

[1] Salmos 62:8.
[2] 1 Juan 5:14.
[3] Juan 16:23.
[4] Salmos 32:5, 6; Daniel 9:4.
[5] Filipenses 4:6.

P. 99. ¿Qué regla ha dado Dios para nuestra dirección en la oración?

R. Toda la Palabra de Dios es útil para dirigirnos en la oración,[1] pero la regla especial para nuestra dirección es aquella forma de oración que Cristo enseñó a sus discípulos, comúnmente llamada el *Padre Nuestro*.[2]

[1] 1 Juan 5:14.
[2] Mateo 6:9-13 comparado con Lucas 11:2-4.

P. 100. ¿Qué nos enseña el prefacio de la oración del Señor?

R. El prefacio del Padre Nuestro, que dice, *Padre nuestro que estás en los cielos*,[1] nos enseña a acercarnos a Dios con toda santa reverencia y confianza, como hijos a un padre capaz y dispuesto para ayudarnos,[2] y también nos enseña que debemos orar con otros y por otros.[3]

[1] Mateo 6:9.
[2] Romanos 8:15 y Lucas 11:13.
[3] Hechos 12:5; 1 Timoteo 2:1, 2.

P. 101. ¿Qué oramos en la primera petición?

R. En la primera petición (que es *santificado sea tu nombre*[1]) oramos que Dios nos capacite a nosotros y a otros para glorificarle en todo aquello en que Él se hace a sí mismo conocido;[2] y que disponga todas las cosas para su propia gloria.[3]

[1] Mateo 6:9.
[2] Salmos 67:2, 3.
[3] Todo el salmo 83.

P. 102. ¿Qué oramos en la segunda petición?

R. En la segunda petición (que es *venga tu reino*[1]) oramos que el reino de Satanás sea destruido,[2] y que el reino de la gracia avance,[3] que nosotros y los demás seamos traídos y guardados en él,[4] y que el reino de la gloria venga pronto.[5]

[1] Mateo 6:10.
[2] Salmos 68:1, 18 y Salmos 51:18.
[3] Apocalipsis 12:10, 11.
[4] 2 Tesalonicenses 3:1; Romanos 10:1 y Juan 17:9, 20.
[5] Apocalipsis 22:20.

P. 103. ¿Qué oramos en la tercera petición?

R. En la tercera petición (que es *sea hecha tu voluntad, como en el cielo, así también en la tierra*[1]) oramos que Dios, por su gracia, nos haga capaces y dispuestos para conocer, obedecer y someternos a su voluntad en todas las cosas,[2] como los ángeles hacen en el Cielo.[3]

[1] Mateo 6:10.
[2] Todo el salmo 67; Salmos 119:36; Mateo 26:39; 2 Samuel 25:25 y Job 1:21.
[3] Salmos 103:20.

P. 104. ¿Qué oramos en la cuarta petición?

R. En la cuarta petición (que es *el pan nuestro de cada día, dánoslo hoy*[1]) oramos que por el don gratuito de Dios recibamos una porción suficiente de las cosas buenas de esta vida, y que con ellas gocemos de su bendición.[2]

[1] Mateo 6:11.
[2] Proverbios 30:8, 9; Génesis 28:20 y 1 Timoteo 4:4.

P. 105. ¿Qué oramos en la quinta petición?

R. En la quinta petición (que es *y perdónanos nuestras deudas, como también nosotros perdonamos a nuestros deudores*[1]) oramos que Dios, por causa de Cristo, perdone gratuitamente todos nuestros pecados;[2] y se nos anima a pedir esto porque, por su gracia, somos capacitados para perdonar a otros desde el corazon.[3]

[1] Mateo 6:12.
[2] Salmos 51:1, 2, 7, 9 y Daniel 9:17, 18, 19.
[3] Lucas 11:4 y Mateo 18:35.

P. 106. ¿Qué oramos en la sexta petición?

R. En la sexta petición (que es, *y no nos metas en tentación, mas líbranos del mal*[1]) oramos que, o bien Dios nos guarde de ser tentados a pecar,[2] o que nos ayude y nos libre cuando somos tentados.[3]

[1] Mateo 6:13.
[2] Mateo 26:41.
[3] 2 Corintios 12:7, 8.

P. 107. ¿Qué nos enseña la conclusión del Padre Nuestro?

R. La conclusión del Padre Nuestro (que es *porque tuyo es el reino, y el poder, y la gloria, por todos los siglos. Amén*[1]) nos enseña a tomar nuestro ánimo para la oración sólo de Dios,[2] y en nuestras oraciones alabarle, atribuyendo el Reino, el poder y la gloria a Él.[3] Y, en testimonio de nuestro deseo, y de la certeza de ser escuchados, nosotros decimos: *Amén*.[4]

[1] Mateo 6:13.
[2] Daniel 9:4, 7, 8, 9, 16, 17-19.
[3] 1 Crónicas 29:10-13.
[4] 1 Corintios 14:16 y Apocalipsis 22:20, 21.

APÉNDICE: CREDOS

CREDO APOSTÓLICO

[1] Creo en Dios el Padre Todopoderoso, creador del cielo y de la tierra.

[2] Y en Jesucristo, Su único Hijo, nuestro Señor,

[3] que fue concebido por el Espíritu Santo, nacido de la virgen María,

[4] sufrió bajo Poncio Pilato, fue crucificado, muerto y sepultado. Descendió a los infiernos [Hades].

[5] Al tercer día resucitó de entre los muertos.

[6] Ascendió a los cielos y está sentado a la diestra de Dios el Padre Todopoderoso,

[7] desde allí vendrá a juzgar a los vivos y a los muertos.

[8] Creo en el Espíritu Santo,

[9] la santa iglesia católica,* la comunión de los santos,

[10] el perdón de los pecados,

[11] la resurrección del cuerpo,

[12] y la vida eterna. Amén.

* Es decir, iglesia universal.

EL CREDO DE NICEA (325)

Creemos en un solo Dios, el Padre Todopoderoso, creador de todas las cosas visibles e invisibles.

Y [creemos] en un solo Señor Jesucristo, el Hijo de Dios, engendrado del Padre como el unigénito, es decir, de la sustancia del Padre, Dios de Dios, Luz de Luz, verdadero Dios de Dios verdadero, engendrado, no creado. De la misma sustancia [cosustancial]* con el Padre, a través de quien todas las cosas fueron hechas, ya sea las cosas en el cielo o las cosas en la tierra. Que, por nosotros, los hombres, y por nuestra salvación, descendió y se encarnó, y se hizo hombre, y sufrió y resucitó al tercer día, ascendió a los cielos y vendrá a juzgar a los vivos y a los muertos.

Y [creemos] en el Espíritu Santo.

Pero aquellos que dicen, «hubo cuando no lo hubo», y, «él no era antes de ser engendrado» y «que vino a existir desde la nada», o quienes afirman que el Hijo de Dios es una sustancia o esencia distinta, o creado, o mutable o alterable, a estos la iglesia católica y apostólica anatematiza.

* La frase en griego ὁμοούσιον τῷ Πατρί (*homoousios to Patri*) también puede ser traducida como «uno en esencia con el Padre»o «de una sustancia con el Padre», tal como la versión latina del credo lo expresa al decir «*unius substantiae cum Patre*». Así también, la versión latina de la Confesión de Fe de Westminster (1840), en el capitulo 8.2 traduce la frase «de una sustancia e igual con el Padre» como «*substantiae cum Patre unius eiusdemque*».

EL CREDO NICENO O NICENO-CONSTANTINOPOLITANO (381)

Creemos en un Dios, el Padre todopoderoso, creador del cielo y de la tierra, de todas las cosas visibles e invisibles;

Y [creemos] en un Señor Jesucristo, el unigénito Hijo de Dios, engendrado del Padre antes de los siglos, Luz de Luz, verdadero Dios de Dios verdadero, engendrado, no creado, de la misma sustancia [cosustancial] con el Padre, a través de quien todas las cosas fueron hechas, quien por nosotros, los hombres, y por nuestra salvación descendió desde los cielos, y por obra del Espíritu Santo se encarnó de la virgen María, y se hizo hombre, y fue crucificado por nosotros bajo Poncio Pilato, sufrió y fue sepultado, y al tercer día resucitó de acuerdo a las Escrituras, y ascendió al cielo y está sentado a la diestra del Padre y vendrá otra vez con gloria a juzgar a los vivos y a los muertos. Su reino no tendrá fin.

Y [creemos] en el Espíritu Santo, el Señor y dador de vida, que procede del Padre, que con el Padre y el Hijo es juntamente adorado y glorificado, que habló a través de los profetas; y la Iglesia que es una, santa, católica [universal] y apostólica.

Reconocemos un bautismo para el perdón de pecados; esperamos la resurrección de los muertos y la vida del siglo venidero. Amén.

CREDO DE CALCEDONIA (451)

Por lo tanto, siguiendo a los santos padres, nosotros enseñamos a una voz que el Hijo, nuestro Señor Jesucristo ha de confesarse como uno y el mismo, que es perfecto en Deidad y perfecto en humanidad, verdadero Dios y verdadero hombre, de un cuerpo y alma racional, de la misma esencia [cosustancial] con el Padre con respecto a su Deidad y de la misma esencia [consustancial] con nosotros respecto a su humanidad, en todas las cosas como nosotros pero sin pecado; engendrado del Padre antes de las edades de acuerdo a su Deidad, y en estos últimos días, por nosotros los hombres, y por nuestra salvación, nació de la virgen María, la madre de Dios de acuerdo a su humanidad.* Confesamos a uno y el mismo Señor Jesucristo, el Hijo unigénito en sus dos naturalezas. [Dos naturalezas] inconfundibles, inmutables, indivisibles e inseparables; la distinción entre las naturalezas de ninguna manera es destruida debido a tal unión, sino más bien, las propiedades peculiares de cada naturaleza se preservan y concurren juntas en una única Persona y subsistencia. Estas naturalezas no están separadas o divididas en dos personas, sino que están en uno y el mismo Hijo, Unigénito, Dios el Verbo, nuestro Señor Jesucristo, como los profetas desde la antigüedad hablaron con respecto a él, y como el mismo Señor Jesucristo nos ha enseñado y como el Credo de los padres nos ha transmitido.

* La palabra griega Θεοτόκος (*theotokos*), que generalmente es traducida como «la madre de Dios», también puede traducirse como «la que pare o da a luz a Dios». Esta declaración es aceptada por las iglesias cristianas reformadas debido a que María da a luz a «Emmanuel» (Dios con nosotros) en el tiempo, es decir, a aquel que es verdadero hombre y que, a la vez, desde toda la eternidad es verdadero Dios. Por lo tanto, María es la madre de Dios con respecto a la humanidad del Verbo encarnado.

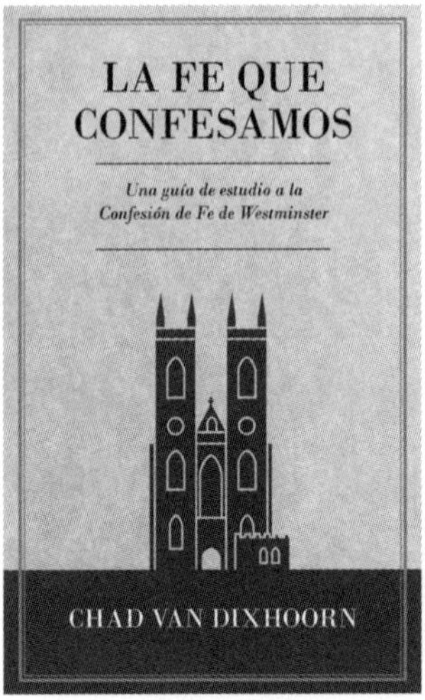

La Fe Que Confesamos

Una guía de estudio a la Confesión de Fe de Westminster

Chad Van Dixhoorn

En *La Fe que Confesamos*, Chad Van Dixhoorn ofrece una mirada fresca de un estamento clásico de la fe reformada. Este trabajo accesible, bíblico y reflexivo digiere años de estudio y enseñanza en secciones pequeñas. *La Fe que Confesamos*, al desafiar nuestros corazones y mentes, espera edificar e instruir tanto a audiencias generales como avanzadas, tal como los autores de la Confesión de Fe de Westminster seguramente esperaron que su *magnum opus* lo hiciera.

El libro que tienes en tus manos ayudará profundamente a consolidar, desarrollar y aplicar una teología que está totalmente nutrida y moldeada por la palabra de Dios y, que a la vez, nos permite dirigir toda nuestra vida a glorificar a Dios y gozar de él para siempre. Esto es lo que expresa la Confesión de Fe de Westminster, y esto es lo que necesita cada iglesia que busca vivir para la gloria de Dios.

—Israel Guerrero, editor en español de El Estandarte de la Verdad

ISBN 978 1 80040 140 2 | tapa blanda | 504pp.